Start frei! Neu

Mieko FUJIWARA
Shinobu KATSURAGI
Yuko MOTOKAWA
Anja POLLER
Rita SACHSE-TOUSSAINT
Hatsuki YANAGIHARA

A1

CD(MP3)付

SANSHUSHA

Grußwort zur Neuauflage von „Start frei!"

Es ist mir eine große Freude, die Neuausgabe des Lehrwerks „Start frei!" vorstellen zu können. Es ist in Zusammenarbeit mit deutschen und japanischen Fachkollegen an der Konan Universität und am Goethe-Institut Osaka entstanden und führt zum Goethe-Zertifikat A1 (Start Deutsch 1).

„Start frei!" erschien 2009 zum ersten Mal und wird seitdem erfolgreich an vielen Hochschulen und Universitäten in Japan eingesetzt. Es folgt dem didaktischen Konzept, japanische Lerntraditionen mit modernem kommunikativem und handlungsorientiertem Unterricht zu verbinden. Neben Strukturen und Wortschatz steht die Landeskunde im Vordergrund, und Studenten können sich damit gut auf einen Aufenthalt in den deutschsprachigen Ländern vorbereiten.

Deutsch ist die meistgesprochene Sprache in der Europäischen Union, und Deutschland ist einer der wichtigsten Handelspartner Japans. Deshalb erweitern deutsche Sprachkenntnisse nicht nur Handlungsmöglichkeiten im privaten Bereich sondern vergrößern auch die beruflichen Chancen. Deutsche Universitäten bieten japanischen Studenten hervorragende Studienmöglichkeiten. Die Sprachzertifikate des Goethe-Instituts sind Bausteine für den akademischen und beruflichen Erfolg, und „Start frei!" bietet dafür das Fundament.

Ich wünsche der Neuausgabe von „Start frei!" viel Erfolg und Verbreitung. Den Nutzern dieses Lehrwerks wünsche ich viel Freude beim Lehren, Lernen und Anwenden der deutschen Sprache in Japan und der Welt.

Rainer Manke
Leiter Goethe-Institut Osaka

はじめに

ドイツ語を学ぶみなさんへ

　本書は、『ヨーロッパ言語共通参照枠』の最初のレベル、A1 に到達することを目指したドイツ語教材です。ドイツ語の基本的なコミュニケーション能力を身につけるために、聞く、読む、話す、書く技能をバランスよく学習し、課題や練習問題は、できるだけ実践的で発展的であるように、また、語彙や文法は自分で推測したり発見することで主体的に学習に取り組むことができるように工夫しました。この教科書によって、A1 レベル修了試験「Start Deutsch 1」に合格するためのドイツ語運用能力を身につけることができます。皆さんが、具体的なゴールを見すえて、楽しみながらドイツ語を身につけることができるように願っています。

　Start frei! Neu は、A1 レベルにそって 8 課までとし、その分、各課の練習問題を増やし、レイアウトを見やすくしました。また、音声は、これまでのナチュラルスピードに加えて、適宜、ゆっくりと読んだバージョンも加えました。巻末には、各課ごとに、分かったかどうかを自分で確認する「自己チェックリスト」も付けています。

著者一同

Liebe Deutschlernende,

Sie machen Ihre ersten Schritte auf Deutsch und wollen möglichst schnell in der Lage sein, auf Deutsch zu kommunizieren? Mit „Start frei! Neu" haben wir ein kompaktes Kursbuch für Lernerinnen und Lerner ohne Vorkenntnisse entwickelt, das

- Sie in acht Lektionen zur ersten Niveaustufe (A1) des Gemeinsamen Europäischen Referenzrahmens (GER) führt,
- dabei auch elementare Strukturen und Wortschatz enthält, die über das A1-Niveau hinausgehen und Sie auf die Stufe A2 vorbereiten,
- alle Sprachfertigkeiten—Hören, Lesen, Sprechen und Schreiben—gleichermaßen berücksichtigt,
- mit kommunikativen und kreativen Aufgaben und Übungen Ihre kommunikative Kompetenz entwickelt,
- Ihnen durch einen induktiven Aufbau von Wortschatz und Grammatik ermöglicht, sprachliche Strukturen und Wortschatz zu erschließen,
- authentische Hör- und Lesetexte bietet,
- Ihnen durch landeskundliche Informationen einen Einblick in das Leben in Deutschland vermittelt,
- Sie gezielt auf das Goethe-Zertifikat A1 (Start Deutsch 1) vorbereitet
- und Ihnen in Lektion 8 einen Übungstest anbietet.

Wir hoffen, dass es uns gelingt, Sie mit „Start frei! Neu" beim Lernen der deutschen Sprache zu unterstützen und Sie mit Erfolg und Spaß zum Erreichen der Niveaustufe A1 zu führen.

Ihr Autorenteam

Inhaltsverzeichnis 目次

S	Sprachhandlung	言語行為
G	Grammatik	文法
L	Landeskunde	ドイツ事情

Hilfe zur Aussprache 発音 6
Einführung **Grüße** あいさつ 8

Lektion 1   Kennenlernen（人と知り合う） 9

S あいさつする　自分と他者を紹介する（名前・出身・住まい・言語・専攻）

G 人称代名詞（1）　動詞の現在人称変化：規則動詞　疑問詞のある疑問文
　　Ja/Nein で答える疑問文　語順（1）

Wie geht's? 17

Lektion 2   Freizeit（自由時間） 19

S 自由時間の過ごし方について話す　年齢・住所・電話番号を伝える　申込用紙を書く
　　つづりを言う　職業を言う　自己紹介のEメールを書く　統計を読む（1）

G 人称代名詞（2）　動詞の現在人称変化：不規則動詞

L Was machen die Deutschen gern?

Lektion 3   Tagesablauf（一日の行動） 31

S 時間表現を使う　日常の行動について表現する　一週間の予定を述べる
　　電話で約束をとりつける

G 分離動詞　語順（2）　話法の助動詞：können / wollen / müssen / möchten

L Mein Tag. Eine Schülerin erzählt.

Lektion 4   Essen und Trinken（食事） 43

S 食習慣について話す　レストランで注文する・支払う

G 名詞の性と格　不定冠詞　定冠詞　否定冠詞：主格と目的格　無冠詞

L Was essen die Deutschen?

Lektion 5　Wohnen (住まい) 55

- **S** 家、部屋、台所の様子を説明する　家について意見を述べる
  どこに何があるかを表現する　どこへ何を置くかを表現する
- **G** 不定冠詞　定冠詞：与格　所有冠詞 (1)：主格・目的格・与格
  名詞の複数形　場所を表す前置詞＋与格・目的格
- **L** Wie wohnen Studenten in Deutschland?

Lektion 6　Einkaufen (買い物) 67

- **S** どこで何を買うことができるかを話す　商品について助言を求める
  広告を理解する　依頼をする・答える　営業時間を理解する
- **G** 序数　dies- と指示代名詞：主格・目的格　命令形 (du, ihr)　人称代名詞：目的格
- **L** Ladenöffnungszeiten in Japan und Deutschland

Lektion 7　Familie (家族) 79

- **S** 家族を紹介する　前後左右の位置関係を表現する　誕生日に招待する
  プレゼントについて相談する　招待に対する返事のＥメールを書く
  統計を読む (2) 指示表現を理解する
- **G** 所有冠詞 (2)・人称代名詞：主格・目的格・与格　命令形 (Sie)
- **L** Familien in Deutschland

Lektion 8　Übungssatz Start Deutsch 1 (SD1 模擬試験) 91

筆記試験・口頭試験　Schriftlicher Teil・Mündlicher Teil

語彙一覧 102

自己チェックリスト 111

🎧 1　添付 CD (MP3) のトラック番号 (⇒ ダウンロードサービスのご案内　130 ページ)
CD▶1　教室用 CD 1 枚めのトラック番号
CD2▶01　教室用 CD 2 枚めのトラック番号

Hilfe zur Aussprache 発音

3つの原則

1) ローマ字読み。
2) アクセントは最初の母音にある。
3) アクセントのある母音の長短　直後の子音字が１つの場合には長く　　Brot　Name
　　　　　　　　　　　　　　　 直後の子音字が２つ以上の場合には短く　Bett　Danke

母音の発音

1) ドイツ語特有の母音（ウムラウト）ä, ö, ü

ä [ɛː] [ɛ]　　　　　　　日本語の [エ] とほぼ同じ
　　Gläser　Käse　　　Die Gläser stehen auf dem Tisch.　Ich mag keinen Käse.
　　Getränke　hängen　Haben wir noch Getränke?　Wir hängen die Poster an die Wand.

ö [øː] [œ]　　　　　　[エ] と発音しながら唇をまるめる
　　Öl　hören　　　　Wir haben kein Öl mehr.　Kannst du mich hören?
　　Löffel　öffnen　　Gib mir bitte einen Löffel!　Kannst du die Flasche öffnen?

ü [yː] [y]　　　　　　 [イ] と発音しながら唇をまるめる
　　üben　müde　　　Ich muss noch üben.　Ich bin müde.
　　Glück　Müll　　　Viel Glück!　Bring bitte den Müll weg!

2) 母音 a, e, i, o, u

a [aː] [a]　baden　Vater　　Die Kinder baden im See.　Wie alt ist dein Vater?
　　　　　　Ball　danke　　Ich spiele gern Fußball.　Danke für deine Hilfe.
e [eː] [e]　lesen　geben　　Ich lese gern.　Kannst du mir das Buch geben?
　　　　　　Fenster　helfen　Bitte öffne das Fenster!　Kannst du mir helfen?
i [iː] [i]　 Kino　dir　　　 Heute Abend gehen wir ins Kino.　Wie geht es dir?
　　　　　　Bild　hinten　　Die Kinder malen ein Bild.　Steigen Sie bitte hinten ein!
o [oː] [o]　Brot　holen　　Möchtest du noch Brot?　Kannst du mich abholen?
　　　　　　morgen　kommen　Morgen habe ich frei.　Wir kommen zu spät!
u [uː] [u]　Bruder　Flugzeug　Mein Bruder ist noch klein.
　　　　　　　　　　　　　　Das Flugzeug landet pünktlich.
　　　　　　Mutter　Bus　　Sie besucht ihre Mutter.　Der Bus hat Verspätung.

3) 複母音 ei, äu, eu, ie
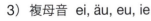

ei [ai]　Reise　Ei　　　　Ich mache eine Reise durch Europa.　Ein weiches Ei bitte!
eu [ɔy]　Euro　Freund　　Kannst du zehn Euro wechseln?　Hendrik ist mein Freund.
äu [ɔy]　Bäume　träumen　Im Garten stehen zwei Apfelbäume.
　　　　　　　　　　　　 Träume etwas Schönes!
ie [iː]　Bier　fliegen　　Ich möchte ein kühles Bier!
　　　　　　　　　　　　 Im Urlaub fliegen wir nach Thailand.
ie [iə]　Familie　Lilie　　Am Sonntag besuche ich meine Familie.
　　　　　　　　　　　　 Lilien sind meine Lieblingsblumen.

子音の発音

j	[j]	Japan ja	Ich wohne in **Japan**.　**Ja**, ich komme gern!
v	[f]	verheiratet Vorname	Ich bin **verheiratet**.　Wie ist dein **Vorname**?
w	[v]	Wetter Woche	Wir hatten gutes **Wetter**.
			Nächste **Woche** habe ich eine Prüfung.
z	[ts]	tanzen Zeit	Ich **tanze** gern.　Hast du **Zeit**?

s + 母音	[z]	lesen Salat	**Lesen** Sie bitte den Text!　Kann ich **Salat** haben?
ss, ß	[s]	essen heißen	Was möchtest du **essen**?　Ich **heiße** Sachiko.
sp 語頭や音節始めで [ʃp]			
		spät sprechen	Wie **spät** ist es?　Bitte **sprechen** Sie lauter!
st 語頭や音節始めで [ʃt]			
		stehen Student	Bitte bleib **stehen**!　Er ist noch **Student**.
sch	[ʃ]	Englisch Schule	Sprichst du **Englisch**?　Sie geht noch zur **Schule**.
tsch	[tʃ]	Deutsch tschüs	Ich lerne **Deutsch**.　**Tschüs**, bis morgen!
ch a, o, u, au の後では [x]			
		Buch machen	Das **Buch** ist interessant.
			Was **machen** Sie am Wochenende?
それ以外では [ç]			
		ich Milch	**Ich** koche gern.　Ich mag keine **Milch**.
-ig	[iç]	richtig dreißig	Das ist **richtig**.　Das kostet **dreißig** Euro.
chs, x	[ks]	sechs Taxi	Zwei plus vier ist **sechs**.　Kannst du ein **Taxi** rufen?
pf	[pf]	Apfel Pfanne	Der **Apfel** schmeckt sauer.
			Die **Pfanne** steht auf dem Herd.
qu	[kv]	Quadratmeter	Meine Wohnung hat 40 **Quadratmeter**.
		Qualität	Die **Qualität** ist sehr gut.
l	[l]	Licht Lampe	Mach bitte das **Licht** an!
			Die **Lampe** funktioniert nicht.
r	[r]	Radio Raum	Stell das **Radio** leiser!　Bitte warten Sie in **Raum** zehn!
母音 +h	[ː]	wohnen fahren	Er **wohnt** bei seinen Eltern.　Wir **fahren** mit dem Zug.

-b, -d, -g 語末・音節末では [p], [t], [k]:

-b	[p]	halb gelb	Es ist schon **halb** eins.　Die Bluse ist **gelb**.
-d	[t]	Hemd Kind	Das **Hemd** ist zu groß.　Das **Kind** spielt mit dem Ball.
-g	[k]	Tag Weg	Ich gehe jeden **Tag** in die Bibliothek.
			Wie weit ist der **Weg** zum Bahnhof?

Einführung Grüße

Hören Sie und ordnen Sie zu.

CDを聞いて、それぞれの絵に合うあいさつの言葉を書き入れてください。

Auf Wiedersehen.

Gute Nacht.

Guten Abend.

Tschüs.

Guten Morgen.

Guten Tag.

_____ _____ _____

_____ _____ _____

Lektion 1 — Kennenlernen

Ich heiße Anne Schumacher.
Ich komme aus Deutschland,
aus Berlin.

Hallo!
Mein Name ist Hendrik Hieber.
Ich komme aus Österreich,
aus Wien.

Guten Tag!
Ich heiße Sachiko Sato.
Ich komme aus Japan,
aus Kobe.

Guten Tag!
Mein Name ist Ryota Goto.
Ich komme aus Osaka.

1 Sachiko, Hendrik, Ryota und Anne.

a) **Lesen Sie die Texte.**

Sachiko Sato

Ich heiße Sachiko Sato.
Ich komme aus Japan, aus Kobe.
Ich bin Studentin.
Ich studiere Anglistik.
Jetzt lerne ich Deutsch in Leipzig.

Hendrik Hieber

Mein Name ist Hendrik Hieber.
Ich komme aus Österreich, aus Wien.
Ich bin auch Student.
Ich studiere Jura.
Ich lerne auch Japanisch in Leipzig.

Ryota Goto

Mein Name ist Ryota Goto.
Ich komme aus Japan, aus Osaka.
Ich studiere Soziologie und lerne jetzt Deutsch in Berlin.

Anne Schumacher

Ich heiße Anne Schumacher.
Ich komme aus Berlin.
Ich bin Studentin und studiere BWL.
Ich wohne in Berlin.

Anglistik 英語英文学　jetzt 今　lernen 勉強する　Jura 法学　Japanisch 日本語
Soziologie 社会学　BWL＝Betriebswirtschaftslehre 経営学　wohnen 住んでいる

b) **Ergänzen Sie.**

Name (名前)	Wohnort (住まい)	Herkunft (出身)	Studium (専攻)
Sachiko Sato	Leipzig	Japan	Anglistik
Hendrik Hieber			
Ryota Goto			
Anne Schumacher			

10 ● zehn

Regel 1 Verbkonjugation ich (1. Person Singular): 動詞の形 ich（1 人称単数）
Ergänzen Sie.

	heißen	kommen	wohnen	sein
ich（私は）	heiß**e**	komm___	wohn___	**bin**

2 Stellen Sie sich vor wie im Beispiel.

例のようにそれぞれの人になったつもりで自己紹介してください。

Beispiel: Ich heiße <u>Antonio</u>.
Ich komme <u>aus Spanien</u>.
Ich wohne <u>in Berlin</u>.
Ich spreche <u>Spanisch und Deutsch</u>.
Ich lerne <u>Englisch</u>.
Ich studiere <u>Informatik</u>.

Herkunft	Wohnort / Städte	Sprachen	Studienfächer	
Frankreich	Berlin	Englisch	Germanistik	Jura
Deutschland	München	Deutsch	Informatik	Chemie
Spanien	Paris	Französisch	Physik	Japanologie
England	London	Japanisch	Mathematik	BWL
	Madrid	Spanisch	Anglistik	Geschichte
			Soziologie	Biologie
			Wirtschaftswissenschaften	
			Psychologie	

sprechen 話す
Geschichte 歴史
Wirtschaftswissenschaften 経済学

3 Zwei Studenten treffen sich in der Universität.

 Lesen Sie die Dialoge.

sich treffen 会う

a H: Hendrik S: Sachiko

H: Guten Morgen. Ich heiße Hendrik. Wie heißt du?
S: Mein Name ist Sachiko.
H: Woher kommst du?
S: Ich komme aus Japan, aus Kobe. Und du?
H: Ich komme aus Österreich, aus Wien. Was studierst du?
S: Ich studiere Anglistik, aber jetzt lerne ich Deutsch. Was machst du?
H: Ich studiere Jura.

machen する

b R: Ryota A: Anne

R: Hallo, ich heiße Ryota.
A: Tag, ich bin Anne. Kommst du aus China?
R: Nein, ich komme aus Japan, aus Osaka. Und du?
A: Ich bin aus Berlin. Studierst du hier?
R: Ja, ich studiere hier Soziologie. Und du?
A: Ich studiere BWL.

 c H: Hendrik A: Anne

H: Guten Tag, ich bin Hendrik.
A: Hallo, ich heiße Anne.
H: Bist du Studentin?
A: Ja, ich studiere BWL.
H: Wo studierst du?
A: Ich studiere in Berlin.

12 • zwölf

4 Fragewörter.

Lesen Sie noch einmal die Dialoge und ergänzen Sie.   Fragewörter 疑問詞

a) _____ heißt du?   Sachiko.
b) _____ kommst du?   Aus Japan.
c) _____ studierst du?   Anglistik.
d) _____ studierst du?   In Berlin.

Regel 2 Verbkonjugation du (2. Person Singular): 動詞の形 du（親称２人称単数）

Ergänzen Sie.

	kommen	wohnen	lernen	machen	studieren	heißen	sein
ich							
du (君は)	kommst	wohnst	lern___	mach___	studier___	heißt	bist

5 Schreiben Sie Fragesätze.

a) Wie _____ du?   Ryota.
b) Woher _____ du?   Aus Japan.
c) Wo _____ du?   In Kobe.
d) Was _____ du?   Soziologie.
e) Was _____ du?   Deutsch.

Regel 3 Wortstellung 語順の規則を見つけましょう。動詞は何番目にありますか？

1	2	
Ich	komme	aus Japan.
Ich	wohne	in Berlin.
Wie	heißt	du?
Woher	kommst	du?
Lernst	du	Japanisch?
Bist	du	Student?

6 Schreiben Sie Fragesätze.

答えに合う質問文を作ってください。

a) _____ Nein, ich heiße Ryota.
b) _____ Ja, ich studiere BWL.
c) _____ Nein, ich komme aus Korea.
d) _____ Ja, ich lerne Japanisch.
e) _____ Nein, ich wohne in Leipzig.

7 Machen Sie Interviews.

	Partner 1	Partner 2	Partner 3	Partner 4
Name				
Wohnort				
Herkunft				
Studium				

8 Schreiben Sie einen Dialog.

Name:	Aki
Herkunft:	Osaka
Wohnort:	Frankfurt

Name:	Jan
Herkunft:	Wien
Wohnort:	München

Jan: Hallo. _____ Jan.
_____?
Aki: _____ Aki.
Jan: _____?
Aki: _____ Japan, _____ Osaka.
_____?
Jan: _____ Österreich, _____ Wien.
Aki: _____?
Jan: _____ München. Und du?
Aki: _____ Frankfurt.
Jan: Was machst du?
Aki: _____ Studentin.

9 Hören Sie Interviews und kreuzen Sie richtig oder falsch an.

		richtig	falsch
Interview 1	a) Frau Schreiber kommt aus der Schweiz.	☐	☐
	b) Frau Schreiber studiert Jura in Bern.	☐	☐
Interview 2	c) Judith kommt aus Hamburg.	☐	☐
	d) Judith studiert Deutsch.	☐	☐
Interview 3	e) Karl kommt aus Deutschland.	☐	☐
	f) Karl wohnt in Wien.	☐	☐

richtig 正しい
falsch 間違っている

10 Wer ist das? Ergänzen Sie. (Informationen Seite 9 und 10) Seite ページ

Das ist Ryota Goto.
Er kommt aus _____.
Er wohnt jetzt in _____.
Er ist _____ und studiert _____.
Er lernt in Berlin _____.

Das ist Anne Schumacher.
Sie kommt aus _____.
Sie wohnt in _____.
Sie ist _____ und studiert _____.

Regel 4 Verbkonjugation er/sie (3. Person Singular): 動詞の形 er, sie (3人称単数)

Ergänzen Sie.

	kommen	wohnen	lernen	machen	studieren	heißen	sein
ich							
du (君は)							
er/sie (彼/彼女は)	komm**t**	wohn**t**	lern___	mach___	studier___	heiß___	**ist**

11 Ergänzen Sie die Verben.

| heißen   kommen   lernen   machen   sein   studieren   wohnen |

a) ● _____ Frau Schmidt aus der Schweiz?
   ● Ja, aber sie _____ in Deutschland.
b) ● Wie _____ die Studentin? ● Sie _____ Julia.
c) ● _____ er Student?
   ● Ja, er _____ in Heidelberg Japanologie.
d) ● Was _____ Herr Seidler? ● Er _____ hier Japanisch.
e) ● Wo _____ Sachiko jetzt? ● Sie _____ jetzt in Deutschland.
f) ● Woher _____ Robert? ● Er _____ aus Amerika.

fünfzehn ● 15

12 Stellen Sie die Personen vor.

stellen Sie ... vor …を紹介してください

a

Name: Hua
Herkunft: China
Wohnort: Frankfurt
Studium: Chemie

Das ist _____
_____
_____
_____

b

Name: Jörg
Herkunft: Österreich
Wohnort: Berlin
Studium: Psychologie

_____
_____
_____
_____

c

Ihr Partner

Name: _____
Herkunft: _____
Wohnort: _____
Studium: _____

_____
_____
_____
_____

16 ● sechzehn

Wie geht's?

Lesen Sie die Dialoge.

R: Ryota   A: Anne

R: Hallo, Anne.
A: Hallo, Ryota! Wie geht's?
R: Danke, sehr gut! Und dir?
A: Danke, auch sehr gut.

S: Sachiko   B: Herr Bauer
S: Guten Tag, Herr Bauer.
B: Guten Tag, Frau Sato. Wie geht es Ihnen?
S: Sehr gut, danke. Und Ihnen?
B: Es geht. Danke.

Ordnen Sie zu.

Wie geht's?

| Es geht. | Gut. | Nicht so gut. | Sehr gut. |

_____   _____   _____   _____

Fragen Sie Ihren Partner. Fragen Sie auch Ihren Lehrer.

パートナーに聞いてください。先生にも聞きましょう。

Hallo, ...   Hallo, ... Wie geht's?

Danke, ... Und dir?   Danke, ...

Guten Tag, Herr/Frau ...   Guten Tag, Herr/Frau ... Wie geht es Ihnen?

Danke, ... Und Ihnen?   Danke, ...

siebzehn • 17

Grammatik

1 Personalpronomen 人称代名詞

1人称単数	ich	私は
2人称単数	du	君は
3人称単数	er sie	彼は 彼女は

2 Verbkonjugation 動詞の現在人称変化

動詞は、主語に応じて形が変化する。動詞の辞書の見出し語として使われる形を**不定形**と呼び、それらが主語に応じて変化した形を**定形**と呼ぶ。

a) 規則動詞

不定形　lern|en
　　　　語幹　語尾

Ich **lerne** Deutsch.
Du **lernst** Deutsch.
Er **lernt** Deutsch. / Sie **lernt** Deutsch.

b) 不規則動詞

sein（英語：*be*）

Ich **bin** Student.
Du **bist** Student.
Er **ist** Student. / Sie **ist** Studentin.

3 Fragewörter 疑問詞

Was	**Was** machst du?
Wo	**Wo** wohnst du?
Woher	**Woher** kommst du?
Wie	**Wie** heißt du? / **Wie** geht's?

4 Wortstellung 語順

a) 動詞の**定形は2番目**に置く。

　Ich **komme** aus Japan.
　Ja, ich **bin** Student.
　Frau Kato **lernt** Deutsch.

b) 疑問詞のある疑問文では、疑問詞を**文頭**に置き、**定形を2番目**に置く。

　<u>Wie</u> **heißt** er?
　<u>Woher</u> **kommst** du?
　<u>Wo</u> **wohnt** Herr Müller?

c) Ja / Nein で答えることのできる疑問文では、**動詞の定形を文頭**に置く。

　Kommst du aus Osaka?
　Bist du Studentin?
　Wohnt Frau Schumacher in Berlin?

Lektion 2 — Freizeit

 lesen

 Klavier spielen

 Rad fahren
 einkaufen gehen
 tanzen

 faulenzen
 Freunde treffen
 spazieren gehen

Ordnen Sie zu.

Filme sehen | fotografieren | Fußball spielen | Musik hören | schwimmen | singen

1 Hendrik trifft Sachiko auf dem Campus.

a) **Lesen Sie den Dialog.**

H: Hendrik   S: Sachiko

H: Hallo, Sachiko! Wie geht es dir?
S: Oh, hallo. Danke, gut! Und dir?
H: Auch gut. Was machst du?
S: Ich spiele Tennis. Spielst du auch Tennis?
H: Nein, leider nicht.
S: Was machst du gern?
H: Ich fahre gern Rad, ich spiele gern Fußball und ich höre gern Jazz. Und du? Hast du noch andere Hobbys?
S: Ja, ich höre auch gern Musik. Aber Jazz höre ich nicht so gerne. Ich spiele gern Klavier und ich sehe gern Filme.
H: Oh, Filme sehe ich auch sehr gern. Gehen wir mal zusammen ins Kino?
S: Ja, gern!

noch andere 他にも
gern + 動詞 〜するのが好きだ
zusammen 一緒に
ins Kino gehen 映画を観に行く
Ja, gern! うん、いいね！

b) **Richtig oder falsch? Kreuzen Sie an.**

		richtig	falsch
①	Sachiko hört gern Jazz.	☐	☐
②	Sachiko sieht gern Filme.	☐	☐
③	Sachiko fährt gern Rad.	☐	☐
④	Hendrik spielt gern Klavier.	☐	☐
⑤	Hendrik spielt gern Fußball.	☐	☐
⑥	Hendrik sieht gern Filme.	☐	☐

Regel 1 Verben mit Vokalwechsel: 主語が du, er, sie のとき、語幹も変化する動詞

Ergänzen Sie.

	fahren	treffen	sehen	lesen
ich				
du	f**ä**hrst	tr**i**ffst	s**ie**hst	l**ie**st
er/sie		tr**i**fft		

2 Ordnen Sie zu.

gehen fahren sehen spielen

a) Baseball / Golf / Gitarre / Klavier _____

b) Auto / Motorrad / Ski _____

c) ins Konzert / ins Kino / spazieren / tanzen _____

d) Filme / DVD _____

3 Was machst du gern?

a) **Machen Sie Interviews.**

Was machst du gern?

Ich spiele gern Baseball. Und was machst du gern?

Ich lese gern.

	Partner 0	Partner 1	Partner 2	Partner 3
Name	Goro			
Hobby	Baseball spielen			

b) **Stellen Sie Ihre Partner vor.** クラスメートの趣味を紹介してください。

Das ist Goro. Er spielt gern Baseball.

Partner 1: _____

Partner 2: _____

Partner 3: _____

4 Interviews auf der Straße.

Lesen Sie die Dialoge.   I: Interviewer   M: Mann   F: Frau   J: Junge

a
I: Guten Tag! Sind Sie aus München?
M: Ja, ich komme aus München.
I: Wir machen ein Interview über Hobbys.
Was machen Sie gern? Haben Sie Hobbys?
M: Ja, ich tanze und koche gern.

b
I: Guten Tag! Kommen Sie aus München?
M: Nein, wir sind aus Frankfurt.
I: Wir machen ein Interview über Hobbys.
Was machen Sie gern?
F: Wir fahren gern Rad.

c
I: Hallo! Seid ihr von hier?
J: Na, klar!
I: Wir machen ein Interview über Hobbys.
Was macht ihr gern? Habt ihr Hobbys?
J: Wir spielen gern Fußball.

Regel 2 Verbkonjugation wir/ihr/sie: 動詞の形 wir, ihr, sie

Ergänzen Sie.

	machen	spielen	kommen	sein	haben
ich					
du					**hast**
er/sie					**hat**
wir （私たちは）	mach**en**			**sind**	
ihr （君たちは）		spiel**t**			
Sie （あなたは・あなた方は） sie （彼ら・彼女らは）			komm**en**		

5 Ergänzen Sie.

gehen   fahren   lesen   machen   sein   spielen

a) Frau Fuchs, was _____ Sie gern?   Ich _____ gern Gitarre.
b) Was _____ Peter gern?   Er _____ gern Rad.
c) Was _____ Nina gern?   Sie _____ gern Comics.
d) Katja, _____ du von hier?   Ja, ich _____ von hier.
e) Herr Müller, Frau Müller, was _____ Sie gern?   Wir _____ gern spazieren.
f) Katrin und Mira, _____ ihr gern Tennis?   Ja, wir _____ gern Tennis.

6 Schreiben Sie die Fragesätze.

a) Sachiko, _____ ?   Ich spiele gern Klavier.
b) Herr Neumann, _____ ?   Danke, gut. Und Ihnen?
c) Ryota, _____ ?   Ich bin Student.
d) Frau Müller, _____ ?   Ich lese gern Bücher.
e) Antonio, Ryota, _____ ?   Ja, wir schwimmen gern.
f) Hallo, Thomas! _____ ?   Danke, sehr gut! Und dir?
g) _____ Sachiko?   Sie kommt aus Kobe.

7 Was machen die Personen gerne?

a) Hören Sie und kreuzen Sie an.

Peter	☐ Rad fahren ☐ Fußball spielen	☐ schwimmen ☐ Ski fahren
Frau Müller	☐ Klavier spielen ☐ Freunde treffen	☐ klassische Musik hören ☐ ins Konzert gehen
Herr und Frau Schmidt	☐ im Garten arbeiten ☐ lesen	☐ Filme sehen ☐ spazieren gehen
Sarah und Thomas	☐ Filme sehen ☐ Basketball spielen	☐ Rad fahren ☐ faulenzen

b) Antworten Sie.

① Was macht Peter gern?   _____
② Was macht Frau Müller gern?   _____
③ Was machen Herr und Frau Schmidt gern? _____
④ Was machen Sarah und Thomas gern?   _____

8 An der Rezeption eines Fußballvereins.

r Verein 協会

M: Frau Müller   R: Ryota

a) **Lesen Sie den Dialog.**

M : Guten Tag. Wie heißen Sie?

R : Ich heiße Ryota Goto.

M : Wie bitte? Entschuldigung, wie heißen Sie? Buchstabieren Sie bitte.

R : R-Y-O-T-A, G-O-T-O.

M : Wie ist Ihre Adresse?

R : Ziegelstraße 7, 10178 Berlin.

M : Und wie ist Ihre Telefonnummer?

R : 7-4-0-8-3-2.

M : Wie alt sind Sie?

R : Ich bin 20 Jahre alt.

M : Und was sind Sie von Beruf?

R : Ich bin Student.

M : Danke schön.

Entschuldigung すみません
buchstabieren スペルを言う
r Beruf 職業

Füllen Sie ... aus …を記入してください
s Formular 申込用紙
PLZ= Postleitzahl 郵便番号

b) **Füllen Sie das Formular für Ryota aus.**

FC Berliner Kickers

Familienname, Vorname: _____

Alter: _____   Beruf: _____

Straße, Hausnummer: _____

PLZ, Ort: _____

Telefonnummer: _____

9 Das Alphabet

A	B	C	D	E	F	G	H	I	J	K	L	M
[a:]	[be:]	[tse:]	[de:]	[e:]	[ɛf]	[ge:]	[ha:]	[i:]	[jɔt]	[ka:]	[ɛl]	[ɛm]

N	O	P	Q	R	S	T	U	V	W	X	Y	Z
[ɛn]	[o:]	[pe:]	[ku:]	[ɛr]	[ɛs]	[te:]	[u:]	[faʊ]	[ve:]	[iks]	[ýpsilɔn]	[tsɛt]

Ä	Ö	Ü	ß
[ɛ:]	[ø:]	[y:]	[ɛs-tsét]

10 Buchstabieren Sie.

a) CD   b) EU   c) BWL   d) BRD   e) USA   f) BMW
g) WOLFGANG AMADEUS MOZART   h) Ihr Name

11 Wer ist das?

Hören Sie und schreiben Sie die Namen.

a) _____   b) _____   c) _____

12 Zahlen 0-10

Hören Sie und verbinden Sie. 0〜10が順番に読まれます。ドイツ語と結び付けてください。

0　1　2　3　4　5　6　7　8　9　10

zwei　neun　fünf　null　sieben　drei　zehn　acht　eins　vier　sechs

13 Zahlen 11-20

Ordnen Sie zu und kontrollieren Sie mit der CD.

11　12　13　14　15　16　17　18　19　20

vierzehn　zwölf　neunzehn　sechzehn　achtzehn

dreizehn　elf　zwanzig　fünfzehn　siebzehn

14 Zahlen 21-100

Ergänzen Sie.

21 einundzwanzig
22 zweiundzwanzig
23 dreiundzwanzig
24 vierundzwanzig
25 fünfundzwanzig
26 _____undzwanzig
27 _____undzwanzig
28 _____undzwanzig
29 _____undzwanzig

30 dreißig
40 vierzig
50 fünfzig
60 sechzig
70 siebzig
80 achtzig
90 neunzig
100 hundert

fünfundzwanzig ● 25

15 Sprechen Sie die Zahlen und schreiben Sie. 声に出して読んでから、書いてください。

a) 16 _____ d) 59 _____
b) 81 _____ e) 68 _____
c) 45 _____ f) 74 _____

16 Hören Sie und schreiben Sie die Zahlen.

a) _____ e) _____
b) _____ f) _____
c) _____ g) _____
d) _____ h) _____

17 Machen Sie Dialoge wie in Nr. 8.

a

Name : Derik Anderson
Adresse : Kirchweg 28, 80331 München
Telefonnummer : 2785631
Alter : 31   Beruf : Bankkaufmann

r Bankkaufmann 銀行員

b

Name : Sabine Eichel
Adresse : Beethovenstraße 51, 60594 Frankfurt
Telefonnummer : 9403217
Alter : 28   Beruf : Studentin

c

Sie

Name : _____
Adresse : _____
Telefonnummer : _____
Alter : _____ Beruf : _____

Regel 3 **Berufe:** 職業。原則として男性形の後ろに **-in** をつけて女性形を作る。

Ergänzen Sie.

a) Student/Studentin   b) Schüler/_____   c) _____/Lehrerin

d) Mechaniker/_____   e) Verkäufer/_____   f) _____/ Kellnerin

g) Arzt/Ärztin   h) Angestellter/Angestellte

18 Ergänzen Sie. (s. Seite 27 Regel 3)

sprechen* gehen verkaufen bringen studieren geben* arbeiten reparieren

a) Das ist ein Student.   Er _____ Soziologie.   *不規則動詞
b) Das ist eine Schülerin.   Sie _____ zur Schule.
c) Das ist ein Lehrer.   Er _____ Unterricht.
d) Das ist eine Mechanikerin.   Sie _____ Maschinen.
e) Das ist eine Verkäuferin.   Sie _____ in einer Boutique.
f) Das ist ein Kellner.   Er _____ das Essen im Restaurant.
g) Das ist eine Ärztin.   Sie _____ mit einem Patienten.
h) Das ist ein Angestellter.   Er _____ am Computer.

r Unterricht 授業

19 Anne sucht einen E-Mail-Partner.

a) Lesen Sie den Text.

suchen 探している
bekommen 受け取る

☐ Mail

Von: Anne
Betreff: E-Mail-Partner

Hallo!

Ich heiße Anne.
Ich suche einen E-Mail- Partner aus Japan.
Ich bin 19 und studiere BWL in Berlin.
An der Universität lerne ich jetzt Japanisch.
Mein Hobby ist Rad fahren.
Was machst du gern?
Tschüs
Anne

b) Schreiben Sie Anne eine Antwort und stellen Sie sich vor.

e Antwort 返事
stellen Sie sich vor
自己紹介してください

☐ Mail

Von:
An: Anne
Betreff: E-Mail-Partner

Liebe Anne,

28 ● achtundzwanzig

20 Was machen die Deutschen gern?

a) Lesen Sie den Text.

Die meisten Deutschen, nämlich 98% treffen gern Freunde. Auch Fernsehen ist mit 96% sehr beliebt. Erfreulich ist, dass so viele Deutsche Interesse am Lesen haben. Lesen liegt mit 85% auf Platz 3. Fast genau so viel, nämlich 84% hören gern Musik, besonders junge Leute. Einkaufen ist ebenfalls eine beliebte Freizeitaktivität. 83% der Deutschen geben an, dass sie gern einkaufen gehen. Viele Deutsche (78%), auch hier sind es vor allem junge Menschen, gehen gern ins Kino. Im Internet surfen (mit 77% auf Platz 7) und E-Mails schreiben sind ebenfalls beliebt.

Viele Deutsche treiben auch gern Sport. 40% spielen gern Fußball, damit ist Fußball die beliebteste Sportart und liegt auf Platz 9.

b) Ergänzen Sie die Aktivitäten in der Tabelle.

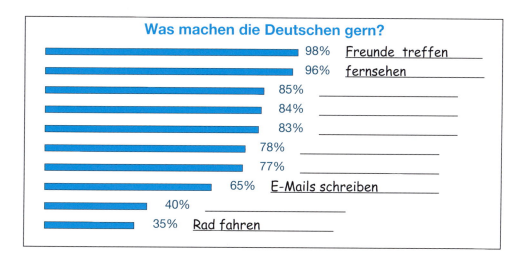

Grammatik

1 Personalpronomen und Verbkonjugation 人称代名詞と動詞の現在人称変化

規則動詞：語尾のみ変化する。

		人称代名詞	machen	heißen	arbeiten
1人称	単数	ich（私は）	mache	heiße	arbeite
2人称（親称）	単数	du（君は）	machst	heißt	arbeitest
3人称	単数	er（彼は）/ sie（彼女は）	macht	heißt	arbeitet
1人称	複数	wir（私たちは）	machen	heißen	arbeiten
2人称（親称）	複数	ihr（君たちは）	macht	heißt	arbeitet
3人称	複数	sie（彼らは / 彼女たちは）	machen	heißen	arbeiten
2人称（敬称）	単数・複数	Sie（あなたは / あなた方は）	machen	heißen	arbeiten

不規則動詞：語幹も変化する。

	fahren	lesen	sehen	treffen	haben	sein
ich	fahre	lese	sehe	treffe	habe	bin
du	fährst	liest	siehst	triffst	hast	bist
er/sie	fährt	liest	sieht	trifft	hat	ist
wir	fahren	lesen	sehen	treffen	haben	sind
ihr	fahrt	lest	seht	trefft	habt	seid
sie	fahren	lesen	sehen	treffen	haben	sind
Sie	fahren	lesen	sehen	treffen	haben	sind

2 gern の使い方

gern は「好んで」、「喜んで」という意味の副詞で、動詞と一緒に使うと、「〜するのが好きだ」という意味になる。その際 gern を置く位置は次のようになる。

① 平叙文　　　　　　　　　　Sachiko spielt **gern** Klavier.
② 疑問詞のある疑問文　　　　Was macht Ryota **gern**?
③ ja/nein で答えられる疑問文　Spielst du **gern** Tennis?

3 nicht の使い方

nicht は「〜ない」という否定を表す副詞で、原則として否定したい語（句）の前に置く。

Ich spiele **nicht** Tennis. ＜ Tennis を否定　　Ich spiele **nicht** gern Tennis. ＜ gern を否定

4 男性形と女性形

職業などには男性形と女性形があり、原則として女性形は男性形の後ろに -in をつける。

Student / Studentin　　　Lehrer / Lehrerin　　　Angestellter / Angestellte　　　Arzt / Ärztin
Japaner / Japanerin 日本人　　　Deutscher / Deutsche ドイツ人　　　Hörer / Hörerin リスナー
Partner / Partnerin パートナー　　　Mann / Frau 男性（夫）・女性（妻）　　　Hausmann / Hausfrau 主夫・主婦

Lektion 3 — Tagesablauf

 Fragen Sie Ihren Partner.

Wie spät ist es?

Es ist 10 Uhr 15.

a

b

c

d

e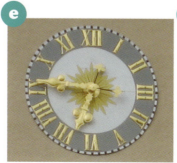

f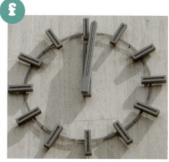

einunddreißig • 31

1 Die formelle Uhrzeit. Wie spät ist es?

Hören Sie und ergänzen Sie.

a) __14__.__05__ Uhr b) _____._____ Uhr c) _____._____ Uhr
d) _____._____ Uhr e) _____._____ Uhr f) _____._____ Uhr

2 Die informelle Uhrzeit

Lesen Sie.

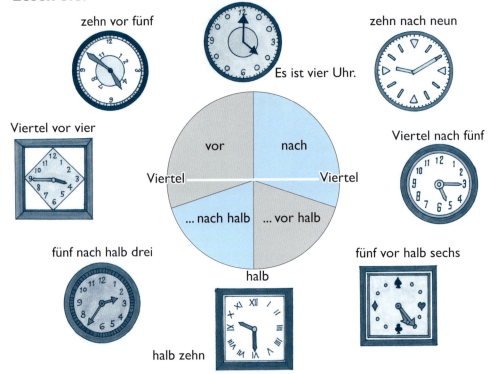

3 Wie spät ist es?

Schreiben Sie die formelle und die informelle Uhrzeit.

	Formelle Uhrzeit	Informelle Uhrzeit
02.05 Uhr	Es ist zwei Uhr fünf.	Es ist fünf nach zwei.
05.30 Uhr	Es ist	Es ist
20.50 Uhr	Es ist	Es ist
07.45 Uhr	Es ist	Es ist
11.40 Uhr	Es ist	Es ist
15.30 Uhr	Es ist	Es ist
17.10 Uhr	Es ist	Es ist
01.15 Uhr	Es ist	Es ist

4 Wie spät ist es?

Hören Sie und ergänzen Sie.

a) __3__.__10__ Uhr b) ____.____ Uhr c) ____.____ Uhr
d) ____.____ Uhr e) ____.____ Uhr f) ____.____ Uhr

5 Informelle Uhrzeit

a) Tragen Sie bei Zeiger ein.
b) Machen Sie dann ein Interview mit Ihrem Partner.

Wie spät ist es?   Es ist <u>zehn nach neun</u>.

Beispiel	Ihre Uhrzeit		Partner-Uhrzeit	

6 Tagesablauf von Sachiko

07:00	07:30	08:15	12:30

Sie steht auf.	Sie frühstückt.	Sie geht zur Uni.	Sie isst zu Mittag.
15:45	16:00–18:00	18:30	20:00–21:45

Sie kauft ein.	Sie jobbt.	Sie isst zu Abend.	Sie sieht fern.

a) **Wann macht Sachiko was? Sprechen Sie.**

Beispiele: Sachiko steht um sieben auf.
Sie jobbt von vier bis sechs.

> um 〜時に
> von ... bis ... 〜時から〜時まで

dreiunddreißig ● 33

Regel 1 **Trennbare Verben:** 分離動詞

auf|stehen ⇒ Sachiko steht um 7 Uhr auf.

ein|kaufen ⇒ Sachiko kauft um 15.45 Uhr ein.

fern|sehen ⇒ Sachiko sieht um 20 Uhr fern.

b) **Ergänzen Sie.**

1) auf|stehen

   Wann steht Sachiko auf? — Sie _____ um sieben _____ .

2) ein|kaufen

   Wann _____ Sachiko _____ ? — Sie _____ um _____ .

3) fern|sehen

   Wann _____ ? — Sie _____ .

Regel 2 **Wortstellung** 時を表す語句は文頭に置かれることがよくある。その際も動詞は2番目に置く。

1	2		Ende
Sachiko	kauft	um vier	ein.
Um vier	kauft	Sachiko	ein.
Sachiko	jobbt	von vier bis sechs.	
Von vier bis sechs	jobbt	Sachiko.	
Wann	steht	Sachiko	auf?
Steht		Sachiko um sechs	auf?

c) **Schreiben Sie den Tagesablauf von Sachiko.**

Sachiko steht um sieben auf. Um ... frühstückt sie.

Um ...

7 Bilden Sie Sätze.

a) bis / von / fern|sehen / zehn / ich / neun

b) Ryota / acht / auf|stehen / um / halb

c) ein|kaufen / nach / Viertel / Anne / um / sechs

d) wann / auf|stehen / Sie / ?

e) du / ein|kaufen / wo / ?

f) du / fern|sehen / gern / ?

8 Anne und Ryota sind in einer Kneipe.

a) **Lesen Sie den Dialog.**   A: Anne   R: Ryota

A: Ich gehe jetzt nach Hause.
R: Was? Es ist erst **neun**!
A: Ja. Aber ich stehe früh auf.
R: Wann stehst du auf?
A: Um **halb sechs**.
R: So früh? Wann gehst du denn ins Bett?
A: Um **zehn**.

b) **Spielen Sie ähnliche Dialoge.**

①	8.30	5.15	9.30
②	10.00	5.45	10.30

erst まだ
früh 早く
denn いったい

9 Wann machst du was?

a) **Fragen und antworten Sie.**

● Wann stehst du auf?
▲ Um wie viel Uhr isst du zu Mittag?

● Ich stehe um 8 Uhr auf.
▲ Um 12 Uhr esse ich zu Mittag.

	Sie	Ihr(e) Partner(in)
aufstehen		
frühstücken		
zur Uni gehen		
zu Abend essen		
fernsehen		
ins Bett gehen		

b) **Schreiben Sie einen Text über Ihren Partner.**

... steht um ... Uhr auf. Um ... Uhr frühstückt er / sie .

10 Wie heißen die Wochentage?

Hören Sie und ordnen Sie zu.

Diens   ~~Mon~~   Frei   Sonn   Mitt   Donners   Sams

(**Mon**)tag (   )tag (   )woch (   )tag (   )tag (   )tag (   )tag

11 Was machen Sie in dieser Woche?

a) **Verbinden Sie.**

zur Uni gehen ● ● 友人に会う
jobben ● ● 大学へ行く
Vorlesungen haben ● ● アルバイトをする
einkaufen gehen ● ● 発表をする
Freunde treffen ● ● 図書館へ行く
für eine Prüfung lernen ● ● 講義を受ける
ein Referat halten ● ● 買い物に行く
ein Seminar haben ● ● 勉強会がある
in die Bibliothek gehen ● ● 試験勉強をする
eine Arbeitsgruppe haben ● ● ゼミがある

r Termin スケジュール

b) **Schreiben Sie Ihre Termine und sprechen Sie.**

Montag	
Dienstag	
Mittwoch	
Donnerstag	
Freitag	
Wochenende	
Samstag	
Sonntag	

Am Montag gehe ich zur Uni und ....
....
....

36 ● sechsunddreißig

12 Hendrik ruft Sachiko an. Was macht Sachiko?

Hören Sie und ordnen Sie zu.

| an|rufen 電話をかける |

Montag ● ● ein Seminar haben
Dienstag ● ● in die Bibliothek gehen
Mittwoch ● ● jobben
Donnerstag ● ● eine Prüfung haben
Freitag ● ● eine Arbeitsgruppe haben
Samstag ● ● eine Arbeitsgruppe haben
Sonntag ● ● jobben

13 Anne ruft ihren Freund Torsten an.

a) Lesen Sie den Dialog. A: Anne   T: Torsten

A: Hallo, hier ist Anne. Ich muss heute nicht in die Uni gehen. Ich möchte einkaufen gehen, Tennis spielen, und am Abend will ich noch ins Kino gehen. Kannst du mitkommen?

T: Hm, ich habe bald Prüfungen. Heute muss ich zur Uni gehen und von vier bis acht Uhr will ich zusammen mit Freunden lernen. Aber am Nachmittag gegen zwei habe ich Zeit. Da kann ich mit dir einkaufen gehen, aber ich möchte nicht Tennis spielen.

A: Okay! Dann gehen wir einkaufen. Kannst du bitte gegen zwei ins Café Müller kommen?

T: Ja, klar! Bis dann, tschüs.

A: Tschüs.

muss ＜ müssen 〜しなければならない
möchte ＜ möchten 〜したい
will ＜ wollen 〜するつもりだ
kann ＜ können 〜できる
mit|kommen 一緒に来る
am Nachmittag 午後に
gegen 〜頃
e Zeit 時間

b) Kreuzen Sie an.

	richtig	falsch
1) Anne und Torsten möchten Freunde treffen.	☐	☐
2) Anne und Torsten wollen zusammen einkaufen gehen.	☐	☐
3) Anne möchte Tennis spielen, aber Torsten möchte nicht Tennis spielen.	☐	☐
4) Von vier bis acht hat Torsten Prüfungen.	☐	☐

siebenunddreißig ● 37

Regel 3 Modalverben: 話法の助動詞

a) Ergänzen Sie. 変化の規則を見つけましょう。

	können 〜できる	wollen 〜するつもりだ	müssen 〜しなければならない	möchten 〜したい
ich	kann		muss	möchte
du	kannst			
er/sie	kann	will		
wir	können			
ihr	könnt			
sie/Sie	können			

b) 助動詞は原則として 2 番目（定形の位置）に置かれる。動詞は不定形で文末に置く。

1	2		Ende
Ich	muss	am Samstag	lernen.
Am Samstag	muss	ich	lernen.
Ich	möchte	heute Abend	fernsehen.
Heute Abend	möchte	ich	fernsehen.
Was	möchtest	du heute Abend	machen?
	Musst	du am Samstag	lernen?

14 Ergänzen Sie.

können   wollen   müssen   möchten   正解はひとつとは限りません。

a) Anne _____ heute nicht arbeiten und _____ einkaufen gehen.
b) Mira und Peter _____ heute Abend zum Tanzkurs gehen.
c) _____ du Klavier spielen?
d) Mike und Sabine, _____ ihr Tennis spielen?
e) Am Samstagabend machen wir eine Party. Wir _____ noch einkaufen.
f) Ich habe um acht eine Prüfung. Ich _____ um sechs aufstehen.

15 Was kann man hier machen? Was möchten Sie hier machen? (s. Seite19)

16 Wer kann/muss/möchte/will in der Klasse das tun?

tun する

a) **Interviewen Sie in der Klasse.** できるだけたくさんの人にインタビューしましょう。

Kannst du Fußball spielen?

Nein, ich kann nicht Fußball spielen.

Ja, ich kann Fußball spielen.

Fragen	Name
① Wer kann Fußball spielen?	
② Wer kann Auto fahren?	
③ Wer möchte am Samstag einkaufen gehen?	
④ Wer möchte heute Abend Karaoke singen?	
⑤ Wer muss am Sonntag für die Prüfung lernen?	
⑥ Wer muss auch am Samstag zur Uni gehen?	
⑦ Wer will gleich nach dem Unterricht nach Hause gehen?	
⑧ Wer will heute Abend jobben?	
⑨	
⑩	

b) **Wer sagt „Ja"? Berichten Sie.**

_____ kann Fußball spielen. …

neununddreißig • 39

17 Sachiko möchte am Samstag Hendrik treffen.

Sehen Sie die Terminkalender unten. Ergänzen Sie den Dialog.

S: Sachiko   H: Hendrik

Sachikos Terminkalender		Hendriks Terminkalender	
Samstag		Samstag	
9.00	↑ jobben	9.00	lange schlafen
10.00	↓	10.00	
11.00		11.00	zur Uni gehen
12.00	Sabine treffen	12.00	
13.00	in die Bibliothek gehen	13.00	Essen bei Hans
14.00		14.00	Antonio & Felix treffen
15.00	Tennis	15.00	
16.00	einkaufen gehen	16.00	
17.00		17.00	

S: Ich muss von neun Uhr bis elf Uhr _____. Hast du um elf Uhr Zeit?

H: Nein. Da kann ich leider nicht. Ich muss _____.

S: Hast du dann um _____ Zeit?

H: Da möchte ich Antonio und Felix treffen. Hast du vielleicht um _____ Uhr Zeit?

S: Nein. Da treffe ich Sabine.

H: Hast du um vier Uhr Zeit?

S: Nein. Da _____.

Um _____ habe ich Zeit. Hast du da Zeit?

H: Ja. Da kann ich auch.

18 Anne ruft Torsten an.

Ordnen Sie den Dialog. Dann hören Sie.

d → ____ → ____ → ____ → ____ → ____ → ____ → ____

a) Anne: Das ist aber schade.

b) Anne: Okay, bis dann.

c) Torsten: Ja. Aber hast du am Wochenende Zeit?
   Wir können auch abends tanzen gehen.

d) Torsten: Torsten Schmidt!

e) Torsten: Gut, der Club ist ab zehn Uhr geöffnet.
   Ich hole dich um halb elf ab.

f) Torsten: Oh, nein, tut mir leid. Da muss ich arbeiten.

g) Anne: Oh ja, das ist gut. Dann gehen wir am Samstag.

h) Anne: Hallo Torsten, hier ist Anne. Hast du am Freitagabend Zeit?
   Ich möchte tanzen gehen.

> schade 残念
> ab ～から
> geöffnet 開いている
> dich 君を
> ab|holen 迎えに行く
> tut mir leid ごめん

19 Mein Tag. Eine Schülerin erzählt.

a) Lesen Sie den Text.

Ich heiße Alina und bin zehn Jahre alt. Meine Familie und ich wohnen in Reilingen in Süddeutschland. Meine Schwester heißt Tabea und ist sieben Jahre alt. Jetzt besuche ich die Grundschule. Ich stehe um halb sieben auf und frühstücke. Meistens esse ich Müsli. Danach fahre ich mit dem Fahrrad zur Schule. Der Unterricht beginnt um 7.40 Uhr und endet meistens um 13.00 Uhr. Nach dem Unterricht bin ich sehr hungrig. Deshalb fahre ich schnell nach Hause. Ich esse am liebsten Spaghetti. Nach dem Mittagessen beginne ich mit den Hausaufgaben. Oft habe ich wenig Zeit für die Hausaufgaben, denn ich habe noch einige Hobbys. Meine Hobbys sind Musik und Sport. An der Musikschule habe ich mittwochs Unterricht für Violoncello und Blockflöte. Dafür muss ich auch täglich üben! Außerdem singe ich sehr gerne im Kinderchor. Donnerstags turne ich im Sportverein. Samstags gehe ich zum Reiten auf einen Reiterhof. Zeit für meine Freunde finde ich auch. Sie sind mir sehr wichtig! Abends bin ich oft sehr müde. Gegen sieben Uhr essen wir zu Abend. Danach gehe ich ins Bett. Vor dem Einschlafen lese ich noch ein bisschen.

> *e* Hausaufgabe 宿題　　denn なぜならば　　*s* Violoncello チェロ　　*e* Blockflöte リコーダー
> turnen 体操をする　　*r* Sportverein スポーツクラブ　　*s* Reiten 乗馬

b) Wann macht Alina was? Schreiben Sie.

Wann	Was
um 6.30	Um 6.30 steht Alina ....
nach dem Frühstück	Nach dem Frühstück fährt sie
um 7.40	Um 7.40
nach dem Mittagessen	
mittwochs	Mittwochs hat sie ......
donnerstags	
samstags	
gegen sieben Uhr abends	
nach dem Abendessen	
vor dem Einschlafen	

Grammatik

1 Uhrzeit 時刻に関する表現

Wie spät ist es? – Es ist 3 Uhr 15.
Wann stehst du auf? – Ich stehe um 7 Uhr auf.
Um wie viel Uhr stehst du auf? – Ich stehe um 7 Uhr auf.

2 trennbare Verben 分離動詞

auf	stehen
前つづり	基礎動詞部分

平叙文	Sachiko **steht** um 7 Uhr **auf**.
疑問文	**Steht** Sachiko um 7 Uhr **auf**?
疑問詞つき疑問文	Wann **steht** Sachiko **auf**?
話法の助動詞と一緒に	Sachiko muss um 7 Uhr **aufstehen**.

3 Modalverben 話法の助動詞

a) 文中では<u>定形の位置</u>に置かれる。また<u>動詞は不定形</u>で<u>文末</u>に置かれる。

平叙文	Ich **muss** heute Abend **lernen**.
疑問文	**Musst** du auch heute Abend **lernen**?
疑問詞つき疑問文	Was **musst** du heute Abend **machen**?

b) 人称変化する。

	können ～できる	wollen ～するつもりだ	müssen ～しなければならない	möchten ～したい
ich	**kann**	**will**	**muss**	**möchte**
du	**kannst**	**willst**	**musst**	**möchtest**
er/sie	**kann**	**will**	**muss**	**möchte**
wir	können	wollen	müssen	möchten
ihr	könnt	wollt	müsst	möchtet
sie/Sie	können	wollen	müssen	möchten

4 Wortstellung 語順

主語以外のものが文頭にきても、平叙文では動詞や話法の助動詞の定形を常に2番目に置く。

	1	2		Ende
動詞	Ich	**frühstücke**	um 8 Uhr.	
	Um 8 Uhr	**frühstücke**	ich.	
分離動詞	Alina	**steht**	um 6.30 Uhr	**auf**.
	Um 6.30 Uhr	**steht**	Alina	**auf**.
話法の助動詞＋動詞	Alina	**muss**	um 6.30 Uhr	**aufstehen**.
	Um 6.30 Uhr	**muss**	Alina	**aufstehen**.

Lektion 4 — Essen und Trinken

das Obst — die Orange (Orangen) — der Apfel (Äpfel) — die Banane (Bananen)

das Gemüse — die Tomate (Tomaten) — der Salat — die Zwiebel (Zwiebeln)

die Kartoffel (Kartoffeln) — das Brot — der Reis — die Nudel (Nudeln)

das Ei (Eier) — das Fleisch — der Fisch — die Wurst

der Tee — der Kaffee — das Bier — der Wein — das Wasser

die Milch — der Orangensaft — der Käse — der Kuchen — die Schokolade

 Was isst du und trinkst du gern? Was nicht?

☺ _____

☹ _____

dreiundvierzig • 43

Regel 1 Nomen (Maskulinum / Neutrum / Femininum): 名詞の性

der : Maskulinum（男性名詞）　　das : Neutrum（中性名詞）　　die : Femininum（女性名詞）

a) Ordnen Sie die Wörter auf Seite 43 zu.

der	das	die
Apfel	Obst	Orange

b) Ordnen Sie auch diese Wörter zu. Benutzen Sie das Wörterbuch.

Pizza　Schinken　Salz　Zucker　Eis　Marmelade　Erdbeere　Butter

1 Was ist das? Ergänzen Sie.

r Salat　　　　　　　*e* Banane　　　　　　　*s* Brot

Das ist <u>ein Salat</u>.

a) Das ist _____

Das ist <u>eine Banane</u>.

b) Das ist _____

Das ist <u>ein Brot</u>.

c) Das ist _____

2 Ist das ein Salat? Ergänzen Sie.

Ist das ein Salat?　　　　Ist das eine Orange?　　　　Ist das ein Ei?

Nein, das ist <u>kein Salat</u>.　　Nein, das ist <u>keine Orange</u>.　　Nein, das ist <u>kein Ei</u>.

Das ist _____　　Das ist _____　　Das ist _____

a) Ist das ein Apfel?　　b) Ist das eine Zwiebel?　　c) Ist das ein Brot?

Nein, das ist _____　　Nein, das ist _____　　Nein, das ist _____

Das ist _____　　Das ist _____　　Das ist _____

Regel 2 Indefiniter Artikel / Negativartikel im Nominativ: 不定冠詞・否定冠詞の主格

Ist das ein Apfel? — Nein, das ist kein Apfel.

Ergänzen Sie.

	Indefiniter Artikel	Negativartikel
r Salat	Das ist _ein_ Salat.	Das ist _k___ Salat.
s Ei	Das ist _e___ Ei.	Das ist _k___ Ei.
e Orange	Das ist _e___ Orange.	Das ist _k___ Orange.

3 Was essen und trinken Hendrik und Sachiko morgens? Und was mögen sie?

Hören Sie und kreuzen Sie an.

	richtig	falsch
a) Hendrik isst ein Brötchen mit Butter und Marmelade.	☐	☐
b) Hendrik trinkt keinen Kaffee.	☐	☐
c) Hendrik mag Reis.	☐	☐
d) Sachiko isst meistens ein Brötchen mit Marmelade.	☐	☐
e) Sachiko isst morgens kein Ei.	☐	☐
f) Sachiko trinkt manchmal Tee.	☐	☐
g) Sachiko mag Kartoffeln.	☐	☐

isst＜essen 食べる　mag＜mögen 好む　meistens たいてい　manchmal 時々

Regel 3 Indefiniter Artikel / Negativartikel im Akkusativ: 不定冠詞・否定冠詞の目的格

Nominativ	Akkusativ
Das ist **ein** Salat.	Ich esse **einen** Salat.
Das ist **kein** Salat.	Ich esse **keinen** Salat.

Ergänzen Sie.

	Indefiniter Artikel	Negativartikel
r Kaffee	Ich trinke _einen_ Kaffee.	Ich trinke _k___ Kaffee.
s Ei	Ich esse _ein_ Ei.	Ich esse _k___ Ei.
e Orange	Ich esse _eine_ Orange.	Ich esse _k___ Orange.

4 Machen Sie Dialoge.

Was isst du morgens?

Ich esse manchmal / meistens / oft / immer ... und ...

Und was trinkst du?

Ich trinke ...

oft しばしば
immer いつも

a) *s* Käsebrot / *e* Orange / *r* Kaffee
b) *s* Brötchen mit Butter / *r* Salat / *e* Milch

5 Was essen Sie morgens? Und was trinken Sie?

Schreiben Sie.

Morgens _____

Regel 4 **Nullartikel:** 無冠詞

Ich esse gern Reis. = Ich mag Reis.
Ich esse gern Tomaten. = Ich mag Tomaten.
Ich trinke gern Milch. = Ich mag Milch.

mögen の現在人称変化
Ergänzen Sie.

ich		wir		mögen
du	magst	ihr		mögt
er/sie	mag	sie/Sie		mögen

6 Was mögen Sie?

Ergänzen Sie.

Beispiel: Ich mag Eis. = Ich esse gern Eis.

a) Magst du Gemüse? = _____ du _____ Gemüse?
b) Er trinkt gern Wein. = Er _____ Wein.
c) Wir mögen Reis. = Wir _____ _____ Reis.
d) Esst ihr gern Nudeln? = _____ ihr Nudeln?
e) Sie isst gern Obst. = _____.
f) Mögen Sie Fleisch? = _____?

7 Machen Sie Dialoge.

☹ Fleisch
☺ Fisch

Magst du Fleisch?/ Isst du gern Fleisch?

Nein, ich mag kein Fleisch. Ich esse gern Fisch.

☹ Cola
☺ Wasser

Magst du Cola? / Trinkst du gern Cola?

Nein, ich mag keine Cola. Ich trinke gern Wasser.

8 Was isst und trinkst du gern? Was magst du nicht? Machen Sie Interviews.

	Sie	Partner1	Partner2	Partner3
☺				
☹				

9 Was essen und trinken die Leute gern?

Hören Sie die Interviews und kreuzen Sie an.

	Gemüse	Fisch	Fleisch	Reis	Nudeln	Bier	Wein	Saft
1								
2								
3								

10 Lesen Sie die Speisekarte.

Speisekarte

Alkoholfreie Getränke

Mineralwasser	0,25 l	1,90 €
Limonade	0,2 l	2,10 €
Cola	0,2 l	2,10 €
Apfelsaft	0,2 l	2,10 €
Orangensaft	0,2 l	2,10 €
Apfelschorle	0,5 l	2,40 €

Alkoholische Getränke

Bier	0,33 l	2,50 €
Rotwein	0,2 l	3,60 €
Weißwein	0,2 l	3,60 €

Vorspeisen und Suppen

Tomatensuppe	4,50 €
Gemüsesuppe	4,50 €
Käseteller	6,80 €
Salat	6,80 €

Fischgerichte

Lachsfilet mit Reis und Salat	13,50 €
Thunfischsteak mit Bratkartoffeln und Salat	17,50 €
Forelle mit Salzkartoffeln und Gemüse	13,50 €

Fleischgerichte

Rindersteak mit Pommes frites und Salat	12,50 €
Hähnchen mit Salat	8,50 €
Schweinebraten mit Kartoffeln und Gemüse	11,50 €

Nachspeisen & Desserts

Vanilleeis	2,50 €
Apfelstrudel mit Vanillesauce	3,50 €
Erdbeerkuchen mit Sahne	3,50 €

---

e Apfelschorle リンゴジュースの炭酸水割り　　r Lachs 鮭　　e Forelle マス
Pommes Frites フライドポテト　　s Rind 牛　　s Hähnchen 鶏　　s Schwein 豚
r Apfelstrudel リンゴのシュトルーデル（生地で巻いて焼いたお菓子）　　e Sahne ホイップクリーム

11 Ordnen Sie zu.

> e Limonade   s Rindersteak   e Forelle   s Bier   r Apfelstrudel   r Saft
> s Eis   r Kuchen   s Lachsfilet   e Gemüsesuppe
> s Hähnchen   r Schweinebraten   r Rotwein   r Käseteller

Getränke	e Limonade
Vorspeisen / Suppen	
Fischgerichte	
Fleischgerichte	
Nachspeisen	

12 Ryota und Anne sind im Restaurant und möchten jetzt bestellen.

a) Lesen Sie den Dialog.   R: Ryota   K: Kellner   A: Anne

R: Wir möchten gern bestellen.

K: Was bekommen Sie, bitte?

R: <u>Eine Apfelschorle</u> bitte.

K: Und was essen Sie?

R: Ich nehme <u>eine Tomatensuppe und ein Lachsfilet</u>.
Als Nachtisch möchte ich <u>einen Apfelstrudel</u>.

K: Und Sie?

A: Ich bekomme <u>ein Glas Rotwein, einen Salat und ein Hähnchen</u>.
Und als Nachtisch möchte ich <u>ein Eis</u>.

> als~ 〜として
> r Nachtisch = e Nachspeise

b) Spielen Sie ähnliche Dialoge.

① Gast A   r Orangensaft / e Gemüsesuppe / e Forelle / s Vanilleeis
  Gast B   s Bier / r Schweinebraten / r Apfelkuchen

② Gast C   e Limonade / s Thunfischsteak / s Eis mit Sahne
  Gast D   s Glas Weißwein / s Rindersteak / r Erdbeerkuchen

③ Sie   _____
  Partner _____

13 Das Essen kommt.

Lesen Sie den Dialog.

K: So, bitte schön! Guten Appetit!
A: Danke. Guten Appetit!
R: Gleichfalls!
A: Das Hähnchen schmeckt sehr gut. Und wie schmeckt der Fisch?
R: Er schmeckt fantastisch!

gleichfalls あなたもね
schmeckt gut ～はおいしい

 Regel 5 **Definiter Artikel / Personalpronomen im Nominativ:** 定冠詞と人称代名詞の主格

Wie schmeckt das Fleisch? – Es schmeckt fantastisch!

Ergänzen Sie. 規則を見つけましょう。

	definiter Artikel	Personalpronomen
r Fisch	Der Fisch schmeckt gut.	Er schmeckt gut.
s Steak	D____ Steak schmeckt gut.	____ schmeckt gut.
e Suppe	D____ Suppe schmeckt gut.	____ schmeckt gut.

14 Machen Sie Dialoge.

☆☆ fantastisch ☆ gut ★ nicht so gut

 ☆☆

Wie schmeckt die Pizza?

Sie schmeckt fantastisch!

ⓐ ☆☆ ⓑ ★ ⓒ ☆☆ ⓓ ☆ ⓔ ★

15 Anne und Ryota möchten jetzt bezahlen.

Lesen Sie den Dialog.

A: Zahlen bitte!

K: Bezahlen Sie getrennt oder zusammen?

A: Getrennt bitte.

K: Was bezahlen Sie?

A: Ich bezahle den Wein, den Salat, das Hähnchen und das Eis.

K: Das macht 21 Euro 40.

A: Stimmt so.

K: Danke schön.

> getrennt 別々に ⇔ zusammen
> Stimmt so.　これで合っています（＝ お釣りはいりません）

Regel 6　**Definiter Artikel im Akkusativ:** 定冠詞の目的格

Ergänzen Sie.

r Rotwein	Ich bezahle _____ Rotwein.
s Hähnchen	Ich bezahle _____ Hähnchen.
e Suppe	Ich bezahle _____ Suppe.

16 Jetzt bezahlt Ryota.

Ergänzen Sie.

R: Und ich bezahle _____

_____ .

K: Das macht zusammen _____ Euro _____ .

R: _____ .

K: Vielen Dank. Auf Wiedersehen.

Apfelstrudel

Apfelschorle	2,40 €
Tomatensuppe	4,50 €
Lachsfilet	13,50 €
Apfelstrudel	3,50 €
	23,90 €

17 Spielen Sie Dialoge im Restaurant.

Kellner(in)	Gäste

	Wir möchten gern bestellen.
Was bekommen Sie?	
	Ich nehme … / Ich möchte … / Ich bekomme …

(Das Essen kommt.)

Bitte schön. Guten Appetit!	
	Danke! Guten Appetit! / Gleichfalls.
Schmeckt ……………?	
	Ja, …………… schmeckt ………………

(Nach dem Essen)

	Zahlen bitte!
Zusammen oder getrennt?	
	Getrennt bitte. Ich bezahle …………
Das macht ………. Euro …..	
	Stimmt so. / Nehmen Sie … Euro.
Danke schön.	
	Und ich bezahle ……………………… .
Das macht ………. Euro ……….	
	Stimmt so.
Vielen Dank! Auf Wiedersehen!	
	Wiedersehen!

18 Was essen die Deutschen?

a) Lesen Sie den Text.

Die Deutschen essen drei Mal pro Tag: Frühstück, Mittagessen und Abendessen. Morgens isst man oft Brot mit Butter und Marmelade, Wurst oder Käse. Manche Leute essen Müsli. Zum Frühstück trinkt man Kaffee oder Tee.

Mittags kann man in großen Firmen in der Cafeteria essen. Studenten essen meistens in der Mensa. Dort ist das Essen nicht so teuer.

Abends kochen viele Familien. Zu Hause isst man z.B. Fleisch, Gemüse, Nudeln und Kartoffeln.

Die Deutschen gehen aber auch gern ausländisch essen. Zum Beispiel sind italienische, griechische, spanische, türkische und thailändische Gerichte sehr beliebt. Auch Sushi ist heute populär. So gibt es in vielen Städten Sushibars. In vielen Restaurants gibt es auch Gerichte für Vegetarier.

Im Restaurant bestellt man zuerst die Getränke. Auch Wasser muss man extra bestellen. Dann bestellt man das Essen. Zum Schluss bezahlt man am Tisch und gibt dem Kellner oder der Kellnerin ein Trinkgeld.

> man 人は（一般） manch かなりの Leute 人々 Firmen ＜ e Firma 会社 e Mensa 学生食堂 teuer （値段が）高い z.B. = zum Beispiel 例えば ausländisch 外国の Gerichte ＜ s Gericht 料理 bestellen 注文する bezahlen 支払う am Tisch テーブルで s Trinkgeld チップ

b) Antworten Sie und stellen Sie eigene Fragen.

① Was essen die Deutschen morgens?
② Wo essen Studenten zu Mittag?
③ Kann man in Deutschland japanisch essen gehen?
④ Was bestellt man zuerst im Restaurant?
⑤ Wo bezahlt man im Restaurant?
⑥ Was gibt man dem Kellner oder der Kellnerin?
⑦ _____?
⑧ _____?

Frühstück

das Müsli

Grammatik

1 Nomen 名詞の性と格

a) 名詞にはすべて文法上の「性」がある。

　　r Maskulinum（男性名詞）　　*s* Neutrum（中性名詞）　　*e* Femininum（女性名詞）

b)「格」は名詞が文中でどのような役割で用いられているかを示す。

　Nominativ（主格）：主語として用いられるとき、また sein と結びつく述語として用いられるときの形。
　Akkusativ（目的格）：直接目的語として用いられるときの形。

2 Indefiniter Artikel 不定冠詞

「あるひとつの」という意味を持つ。原則としてはじめて話題に登場する、数えられる名詞の前に置く。

	Maskulinum	Neutrum	Femininum
Nominativ	ein　Fisch	ein Ei	eine Orange
Akkusativ	einen Fisch	ein Ei	eine Orange

Nominativ: Das ist ein Fisch.　　　Akkusativ: Ich esse einen Fisch.

3 Negativartikel 否定冠詞

名詞を直接否定するときに使う。不定冠詞と同じ語尾変化をする。

	Maskulinum	Neutrum	Femininum
Nominativ	kein　Fisch	kein Ei	keine Orange
Akkusativ	keinen Fisch	kein Ei	keine Orange

Nominativ: Das ist kein Fisch.　　　Akkusativ: Ich esse keinen Fisch.

4 Definiter Artikel 定冠詞

「その」「この」という意味を持つ。原則としてすでに話題に登場したものや特定できるものを表す。

	Maskulinum	Neutrum	Femininum
Nominativ	der Fisch	das Ei	die Orange
Akkusativ	den Fisch	das Ei	die Orange

Nominativ: Der Fisch schmeckt gut.　　　Akkusativ: Ich bezahle den Fisch.

＊Nullartikel（無冠詞）: Ich esse gern Fisch.　　Ich trinke gern Milch.

5 Personalpronomen 3. Person Singular 人称代名詞 3人称単数

同じ名詞が何度も繰り返されることを避けるため、人称代名詞を用いる。文法上の性に応じたものを使う。

Maskulinum	Wie schmeckt der Wein?	— Er schmeckt fantastisch.
Neutrum	Wie schmeckt das Steak?	— Es schmeckt nicht so gut.
Femininum	Wie schmeckt die Suppe?	— Sie schmeckt gut.

Lektion 5 — Wohnen

Lesen Sie und ordnen Sie zu.

1 s Zimmer im Studentenwohnheim

2 s Einfamilienhaus

3 s Fachwerkhaus

4 r Altbau

5 s Bauernhaus

a Jan Umland (52) und Anke Umland (50)
Wir wohnen in einem Fachwerkhaus. Das Haus ist sehr alt. Unsere Fenster sind alle sehr klein, und es ist dunkel im Haus. Aber unser Haus ist sehr gemütlich. ( )

b Elke Richter (23)
Ich wohne in einem Studentenwohnheim. Mein Zimmer ist sehr klein. Es hat nur 12 qm. Und mein Nachbar spielt manchmal laut Gitarre. Ich kann oft nicht schlafen. Aber mein Zimmer ist billig. Nur 200 Euro im Monat. ( )

c Jonas Palmer (42) und Katrin Palmer (39)
Wir wohnen auf dem Land in einem Bauernhaus. Unser Haus hat viel Platz und liegt sehr ruhig. Aber unsere Kinder möchten in der Stadt wohnen. ( )

d Lukas Müller (37) und Nora Müller (33)
Wir wohnen in einem Einfamilienhaus mit einem Garten. Unser Garten ist sehr groß. Unsere Kinder können im Garten Fußball spielen. Und im Sommer grillen wir dort auch oft. ( )

e Sven Hoffmann (29)
Ich wohne in einer Altbauwohnung. Meine Wohnung ist groß und hell, und sie liegt zentral. Meine Freunde wohnen auch alle in der Stadt. Wir treffen uns oft und trinken ein Bier oder so. ( )

qm: Quadratmeter (m²)

1 Lesen Sie noch einmal Seite 55 und verbinden Sie.

alt • • teuer
klein • • ruhig
hell • • ungemütlich
laut • • groß
billig • • neu
gemütlich • • dunkel

Regel 1 **Possessivartikel mein / unser im Nominativ:** 所有冠詞 mein, unser
Lesen Sie noch einmal Seite 55 und ergänzen Sie.

	Maskulinum	Neutrum	Femininum	Plural
mein (ich)	_mein_ Nachbar	_____ Zimmer	_____ Wohnung	_____ Freunde
unser (wir)	_____ Garten	_____ Haus	_unsere_ Wohnung	_____ Kinder

r Nachbar 隣人   *s* Zimmer 部屋   *e* Wohnung 住まい

2 Ergänzen Sie mein, meine, unser, unsere.

a) _____ Haus ist groß.   d) _____ Wohnung liegt ruhig.
b) _____ Nachbar ist laut. e) _____ Garten ist klein.
c) _____ Wohnung ist hell. f) _____ Zimmer ist gemütlich.

3 Hier wohnt Familie Müller.

a) **Wie heißen die Zimmer? Ordnen Sie zu.**

Kinder – _____
kochen – _____
wohnen – _____
schlafen – _____
essen – _____
arbeiten – _____
baden – _____

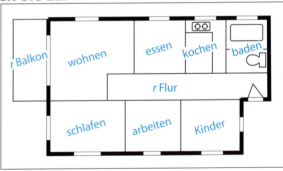

s Arbeitszimmer   *s* Esszimmer   *s* Wohnzimmer
s Schlafzimmer   *s* Badezimmer   *s* Kinderzimmer   *e* Küche

b) **Beschreiben Sie die Wohnung von Familie Müller.**
Die Wohnung hat ein Wohnzimmer, einen Flur …….

beschreiben 描写する
haben + Akkusativ

4 Sachiko bekommt ein Zimmer im Studentenwohnheim.

 a) Lesen Sie den Text.

Das ist ihr Zimmer. In ihrem Zimmer gibt es einen Tisch, einen Stuhl, einen Teppich, ein Bett, einen Vorhang und ein Regal.

es gibt + Akkusativ 〜がある

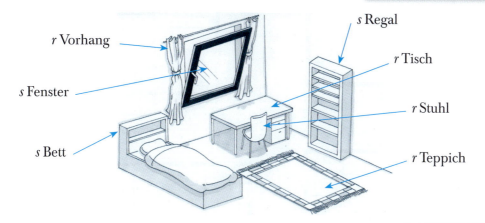

 b) Was braucht/möchte Sachiko noch? Schreiben Sie.

brauchen 必要とする

Sie braucht noch eine Lampe........

_____

_____

_____

e Lampe   *r* Schrank   *s* Bild   *r* Fernseher   Pflanzen

r Computer   *r* Abfalleimer   *e* Kommode   *r* Sessel   *s* Sofa   *r* CD-Player

5 Beschreiben Sie Ihr Zimmer. Was gibt es dort?

Ich habe......

In meinem Zimmer gibt es..........

_____

_____

_____

siebenundfünfzig • 57

6 Wer wohnt wo?

a) Hören Sie und schreiben Sie die Namen: Jan, Doris, Nora und Sven

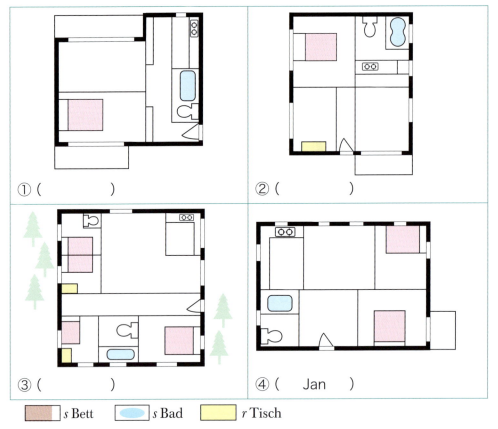

① (   )   ② (   )

③ (   )   ④ (Jan)

▨ *s* Bett   ⬭ *s* Bad   ▨ *r* Tisch

b) Wie finden die Leute ihre Wohnungen? Hören Sie noch einmal und ordnen Sie zu.

① (   ) Ich finde meine Balkone fantastisch.
② (   ) Ich finde unseren Garten super.
③ (   ) Wir finden unsere Küche zu klein.
④ (J   ) Wir finden unsere Fenster zu klein.
⑤ (   ) Ich finde mein Schlafzimmer sehr schön.
⑥ (   ) Wir finden unser Bad sehr modern.
⑦ (   ) Ich finde meinen Flur sehr praktisch.

J Jan
D Doris
N Nora
S Sven

finden ～と思う

Regel 2 Possessivartikel mein / unser im Akkusativ

Lesen Sie noch einmal 6 b) und ergänzen Sie.

Ich finde meinen Flur sehr praktisch.

	Maskulinum	Neutrum	Femininum	Plural
mein	_meinen_ Flur	_____ Schlafzimmer	_meine_ Küche	_____ Balkone
unser	_____ Garten	_____ Bad	_____ Küche	_____ Fenster

7 Sie wohnen hier. Wie finden Sie Ihre Wohnungen?

a Miete 2000 Euro, Größe 150 qm mit Garten

b Miete 800 Euro, Größe 85 qm

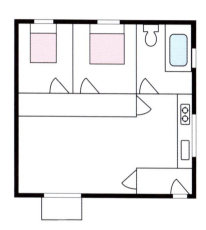

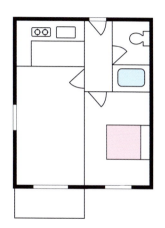

a

Ich finde unseren Balkon zu klein.

_____
_____

b

Ich finde mein Wohnzimmer schön.

_____
_____

fantastisch   klein   schön
groß   billig   hell   teuer
super   dunkel   praktisch
unpraktisch   kurz   lang

(-) zu klein   zu dunkel

zu teuer

8 Sachiko geht mit der Hausmeisterin in die Küche im Studentenwohnheim.

a) **Lesen Sie den Dialog.**

H: Hausmeisterin S: Sachiko

H: Hier ist die Küche.
S: Oh, die ist sehr groß!
H: Hier ist der Kühlschrank.
S: Gibt es auch eine Mikrowelle?
H: Nein, leider gibt es keine, aber wir haben zwei Herde, zwei Tische, sechs Stühle, drei Abfalleimer und Küchenschränke.
S: Wo sind Geschirr, Töpfe und Pfannen?
H: Da sind genug Gläser, Töpfe, Pfannen, Teller und Tassen. Und hier sind Messer, Gabeln und Löffel.
S: Haben Sie auch Stäbchen?
H: Nein. Stäbchen haben wir leider nicht.

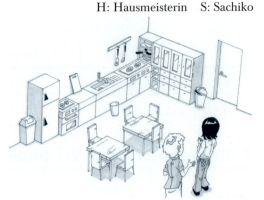

e Hausmeisterin　寮母

b) **Lesen Sie noch einmal 8a) und ergänzen Sie die Pluralformen.**

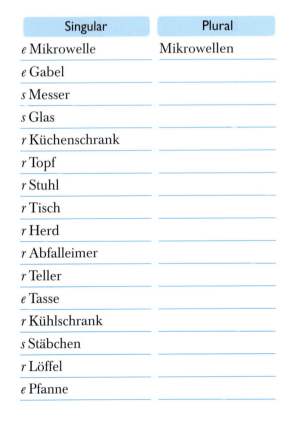

Singular	Plural
e Mikrowelle	Mikrowellen
e Gabel	
s Messer	
s Glas	
r Küchenschrank	
r Topf	
r Stuhl	
r Tisch	
r Herd	
r Abfalleimer	
r Teller	
e Tasse	
r Kühlschrank	
s Stäbchen	
r Löffel	
e Pfanne	

9 Ordnen Sie die Pluralform von 8 b) zu.

– / ¨	Teller → Teller Apfel → Äpfel Löffel
–e/¨e	Herd → Herde Stuhl → Stühle
–er/¨er	Bild → Bilder Glas → Gläser
–n/–en	Tasse → Tassen
–s	Radio → Radios

10 Was gibt es hier und wie viele?

Sehen Sie das Bild eine Minute an und sprechen Sie.

Es gibt einen Herd, fünf Pfannen.....

11 Wo ist ......? Ordnen Sie zu.

Wo ist der Löffel? •   • Hinter dem Topf.
Wo ist das Bild?   •   • In der Pfanne.
Wo ist der Topf?   •   • Neben dem Topf.
Wo ist der Abfalleimer? •   • Vor dem Kühlschrank.
Wo sind die Äpfel? •   • Auf dem Stuhl.
Wo ist das Glas?   •   • Vor dem Bild.

Regel 3 **Lokale Präpositionen:** 場所を表す前置詞

Wo? → **Präpositionen + Dativ**（与格）

Wo ist die Gabel?	Sie liegt auf dem Stuhl.
Wo ist der Topf?	Er steht vor dem Bild.
Wo sind die Bilder?	Sie hängen an der Wand.
Wo ist der Tisch?	Er steht zwischen den Stühlen.
Wo steht der Stuhl?	Er steht am Fenster. (an + dem Fenster)
Wo ist die Pflanze?	Sie ist im Regal. (in + dem Regal)

e Wand 壁

liegen stehen

12 Sehen Sie die Küche in 10 an und ergänzen Sie die Präpositionen und Artikel.

a) Zwei Teller stehen _____ Tisch.
b) Ein Bild hängt _____ Wand.
c) _____ Tisch steht eine Pfanne.
d) _____ Herd stehen ein Abfalleimer, ein Topf und ein Bild.
e) Ein Fisch ist _____ Abfalleimer.
f) Ein Messer und eine Gabel liegen _____ Glas.

13 Sachikos Zimmer.

Ergänzen Sie den Dialog. H: Hendrik S: Sachiko

H: Wie ist dein Zimmer?
S: Es ist gemütlich.
H: Hast du schon alles?
S: Nein, noch nicht.
Ich habe schon _____ _____
am Fenster, _____ _____,
_____ _____, _____ _____,
_____ _____ und einen Teppich.
H: Ich habe für dich eine Lampe,
ein Bild, einen Abfalleimer und
drei Pflanzen. Brauchst du sie?
S: Ja, danke!

14 Lesen Sie den Dialog und ordnen Sie zu.

S: Oh, die Lampe ist schön.
Stellst du bitte die Lampe auf den Tisch?
H: Und den Abfalleimer?
S: Neben das Bett, bitte.
H: Wohin stelle ich dann die Pflanzen?
S: Zwei auf das Regal und eine ins Regal.
Und das Bild an die Wand über dem Bett, bitte.

stellen 〜を置く

Regel 4 **Wohin? → Präpositionen + Akkusativ**（目的格）

Wohin legst du die Gabel?	Ich lege die Gabel <u>auf den</u> Stuhl.
Wohin stellst du den Topf?	Ich stelle den Topf <u>vor das</u> Bild.
Wohin hängst du die Bilder?	Ich hänge die Bilder <u>an die</u> Wand.
Wohin stellst du den Tisch?	Ich stelle den Tisch <u>zwischen die</u> Stühle.
Wohin stellst du den Tisch?	Ich stelle den Tisch <u>ans</u> Fenster. (an + das Fenster)
Wohin stellst du die Pflanze?	Ich stelle die Pflanze <u>ins</u> Regal. (in + das Regal)

wohin どこへ

15 Sehen Sie noch einmal die Küche an. Räumen Sie die Küche auf.

auf|räumen 片づける

a) ● Wohin stellen Sie die Pfannen?   ● <u>Auf den Küchenschrank</u>.
b) ● Wohin stellen Sie die Gläser?   ● <u>In</u> _____
c) ● Wohin hängen Sie das Bild neben dem Abfalleimer?
    ● _____
d) ● Wohin stellen Sie die Tassen?   ● _____
e) ● Wohin legen Sie die Äpfel?   ● _____
f) ● Wohin legen Sie das Besteck?   ● _____
g) ● Wohin stellen Sie die Töpfe?   ● _____
h) ● Wohin legen Sie den Fisch?   ● _____

s Besteck ナイフ・フォーク・スプーン類

16 Wie wohnen Studenten in Deutschland?

a) **Lesen Sie die Texte.**

① **Verena**

Ich heiße Verena Lange und wohne in einem Studentenwohnheim in Potsdam. Ich wohne in einem Doppelzimmer zusammen mit einer Studentin aus Spanien. Das Zimmer ist 20 qm groß und wir bezahlen zusammen 200 Euro pro Monat. Die Küche, das Bad und die Toilette teilen wir uns mit anderen Studenten in unserem Stockwerk. Ich bin gern im Wohnheim. Hier kann ich immer meine Freunde treffen.

teilen 一緒に使う　s Stockwerk 階

② **Katharina**

Ich heiße Katharina Müller. Ich wohne mit drei Studenten zusammen in einer WG in Leipzig. Sie kommen aus Schweden, Österreich und Frankreich. Unsere WG ist ganz international. Die Wohnung ist 120 qm groß und hat fünf Zimmer, eine Küche und zwei Bäder. Mein Zimmer ist 25 qm groß und kostet nur 170 Euro.  Das ist sehr günstig. Wir machen alles zusammen: kochen, putzen, feiern. Außerdem ist unser Vermieter sehr nett.

e WG = e Wohngemeinschaft 住居シェアリング　günstig 安い　r Vermieter 家主　nett 親切な

③ **Ahmed**

Mein Name ist Ahmed, und ich komme aus der Türkei. Jetzt studiere ich BWL in Paderborn. Das Leben in Deutschland ist teuer. Darum wohne ich in einem Studentenwohnheim. Ich wohne dort allein. Mein Zimmer ist 13 qm groß. Aber ich habe ein Bad und eine kleine Küche. Ich bezahle jeden Monat 230 Euro. Das ist sehr viel, aber ich will nicht mit anderen zusammen wohnen.

e Türkei トルコ　jeden Monat 毎月

b) **Ergänzen Sie.**

	Stadt	Wohnungstyp	Zimmergröße	Preis
Verena				
Katharina				
Ahmed				

c) **Kreuzen Sie an.**

　　　　　　　　　　　　　　　　　　　　　　　　richtig　falsch
① Verena wohnt in einem Doppelzimmer.　　　　□　　□
② Katharina findet ihr Zimmer zu teuer.　　　　　□　　□
③ Ahmed wohnt gern allein.　　　　　　　　　　□　　□

fünfundsechzig ● 65

Grammatik

1 Pluralformen 名詞の複数形

名詞の複数形は 5 つのパターンに分けることができる。

- / ⸚	r Teller → Teller	r Apfel → Äpfel
-e/⸚e	r Herd → Herde	r Stuhl → Stühle
-er/⸚er	s Bild → Bilder	s Glas → Gläser
-n/-en	e Tasse → Tassen	e Wohnung → Wohnungen
-s	s Radio → Radios	

2 Nominativ, Akkusativ und Dativ 主格・目的格・与格

不定冠詞は複数形とともには用いられない。

a) Indefiniter Artikel 不定冠詞

	Maskulinum	Neutrum	Femininum	Plural
Nom.	ein Teller	ein Glas	eine Tasse	— Bilder
Akk.	einen Teller	ein Glas	eine Tasse	— Bilder
Dat.	einem Teller	einem Glas	einer Tasse	— Bildern

*Plural im Dativ: 複数形に n をつける。ただし n または s で終わる場合には付けない。

b) Possessivartikel 所有冠詞

	Maskulinum	Neutrum	Femininum	Plural
Nom.	mein Garten	mein Zimmer	meine Wohnung	meine Bilder
Akk.	meinen Garten	mein Zimmer	meine Wohnung	meine Bilder
Dat.	meinem Garten	meinem Zimmer	meiner Wohnung	meinen Bildern

c) Definiter Artikel 定冠詞

	Maskulinum	Neutrum	Femininum	Plural
Nom.	der Tisch	das Radio	die Gabel	die Löffel
Akk.	den Tisch	das Radio	die Gabel	die Löffel
Dat.	dem Tisch	dem Radio	der Gabel	den Löffeln

3 Lokale Präpositionen 場所を表す前置詞

次の 9 つの前置詞は名詞の与格とともに場所を、目的格とともに移動の方向を表す。

an（側面に、際に）	**auf**（上に）	**hinter**（後ろに）	**in**（中に）	**neben**（横に）
über（上方に）	**unter**（下に）	**vor**（前に）	**zwischen**（〜と〜の間に）	

Wo? Auf dem Tisch ist eine Lampe.　　**Wohin?** Ich stelle eine Lampe auf den Tisch.
　　　　Neben dem Bett liegt ein Teppich.　　　　　Du legst einen Teppich neben das Bett.

前置詞と定冠詞の融合形

an dem Fenster	in dem Schrank	an das Fenster	in das Regal	auf das Bett
am	**im**	**ans**	**ins**	**aufs**

Lektion 6 — Einkaufen

 Ordnen Sie zu.

 e Buchhandlung — s Buch

 e Metzgerei

 r Gemüseladen

 r Blumenstand

 r Kiosk

 e Apotheke

 e Boutique

 e Bäckerei

 s Kaufhaus

 r Supermarkt

 Blumen

 Tomaten

 s Brötchen

 Schuhe

 s Kleid

 Kartoffelchips

 s Fleisch

 e Zeitung

s Buch

e Packung Aspirin

siebenundsechzig • 67

1 Wo können Sie was kaufen?

Fragen und antworten Sie.

> Wo kann ich Fleisch kaufen?

> In der Metzgerei oder im Supermarkt.

a) Brötchen   b) Bücher   c) eine Zeitung   d) ein T-Shirt   e) Tomaten   ....

Regel 1   Wo? → **an / auf / in** + Dativ

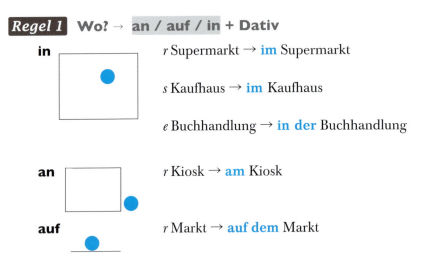

in
- r Supermarkt → **im** Supermarkt
- s Kaufhaus → **im** Kaufhaus
- e Buchhandlung → **in der** Buchhandlung

an
- r Kiosk → **am** Kiosk

auf
- r Markt → **auf dem** Markt

2 Sachiko ist im Kaufhaus.

Lesen Sie die Etageninfo.

	Kaufhaus Meyer
	Etageninfo
5. Stock	Restaurant / Telefon / Toilette / Friseur
4. Stock	Möbel / Radio / TV / DVD / CD / Haushaltsartikel
3. Stock	Kinderbekleidung / Kinderwagen / Spielzeug
2. Stock	Herrenbekleidung / Sportartikel / Fahrräder / Bücher
1. Stock	Damenbekleidung / Taschen / Schuhe / Schirme
EG	Uhren / Schmuck / Kosmetik / Parfüm / Zeitungen
UG	Lebensmittel / Getränkemarkt

EG = <u>E</u>rdgeschoss 1階   UG = <u>U</u>ntergeschoss 地下   r Friseur 美容室
e Tasche かばん   r Schirm かさ   r Haushaltsartikel 日用雑貨   r Schmuck アクセサリー

Regel 2 **Ordnungszahlen:** 序数

1. erst-	9. neunt-	17. siebzehnt-
2. zweit-	10. zehnt-	18. achtzehnt-
3. dritt-	11. elft-	19. neunzehnt-
4. viert-	12. zwölft-	20. zwanzigst-
5. fünft-	13. dreizehnt-	21. einundzwanzigst-
6. sechst-	14. vierzehnt-	22. zweiundzwanzigst-
7. siebt-	15. fünfzehnt-	30. dreißigst-
8. acht-	16. sechzehnt-	31. einunddreißigst-

Regel 3 **Stockwerke in Japan und in Deutschland:** 階の数え方　日独比較

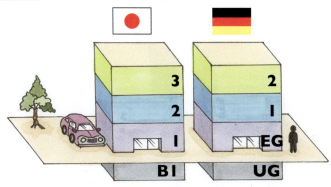

Man kann **im Erdgeschoss** Zeitungen kaufen.
Man kann **im ersten Stock** Taschen kaufen.
Man kann **im zweiten Stock** Bücher kaufen.

3 Sie sind jetzt im Kaufhaus Meyer.

Sehen Sie noch einmal die Etageninfo. Fragen und antworten Sie.

> Wo kann ich einen Teddybären kaufen?

> Im dritten Stock.

a) eine Handcreme	b) Sportschuhe	c) Milch	d) ein T-Shirt
e) ein Bett	f) Kaffee trinken	g) telefonieren	

4 Ordnen Sie zu.

r Pullover   e Jacke   Sportschuhe (Pl.)   e Bluse   Lederschuhe (Pl.)

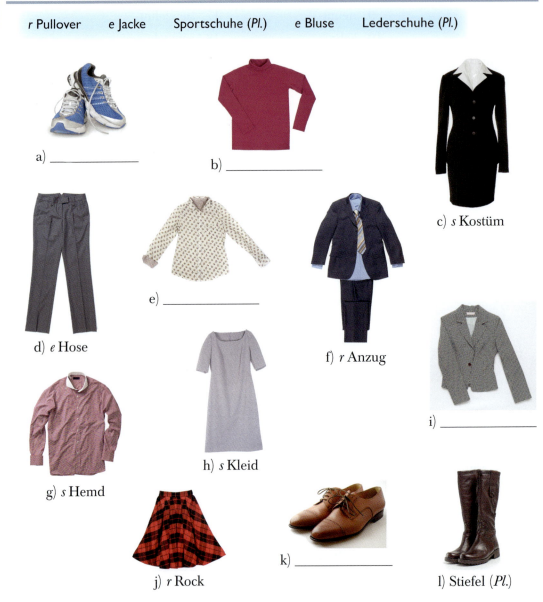

a) _____

b) _____

c) s Kostüm

d) e Hose

e) _____

f) r Anzug

g) s Hemd

h) s Kleid

i) _____

j) r Rock

k) _____

l) Stiefel (Pl.)

5 Was tragen Sie gern?

Fragen und antworten Sie.

Was trägst du im Sommer?

Ich trage oft / meistens ein T-Shirt und eine Hose. Aber manchmal auch einen Rock.

a) an der Uni   b) auf einer Party   c) im Winter

6 Sachiko ist jetzt im ersten Stock.

a) **Lesen Sie den Dialog.**   S: Sachiko   V: Verkäuferin

S: Können Sie mir helfen? Ich suche eine Bluse.
V: Blusen sind hier rechts. Bitte! Wie finden Sie diese Bluse?
S: Hmm..., gelb.... Gelb mag ich nicht.
V: Hier habe ich die Bluse in Rot.
S: Rot? Hmm...

Farben
rot gelb
grün
weiß blau
braun grau
schwarz

Regel 4 dies- im Nominativ und im Akkusativ: 「この〜」を表す冠詞 dies-

	Maskulinum	Neutrum	Femininum	Plural
Nominativ	der Pullover **dieser** Pullover	das Kleid **dieses** Kleid	die Bluse **diese** Bluse	die Schuhe **diese** Schuhe
Akkusativ	den Pullover **diesen** Pullover	das Kleid **dieses** Kleid	die Bluse **diese** Bluse	die Schuhe **diese** Schuhe

b) **Machen Sie Dialoge wie in 6a). Benutzen Sie andere Farben.**

① r Pullover (Pullover)   ② s Kleid (Kleider)   ③ e Hose (Hosen)   ④ Sportschuhe

7 Sachiko probiert die Bluse an.

a) **Lesen Sie den Dialog.**   S: Sachiko   V: Verkäuferin

V: Passt die Bluse?
S: Hmm... Die Farbe finde ich schön.
　Aber, ist die mir nicht zu groß?
V: Nein, nein, die Größe ist genau richtig.
S: Gut. Die nehme ich.
V: Dann zahlen Sie bitte an der Kasse dort.

e Größe サイズ   *e* Kasse レジ

Regel 5 Demonstrativpronomen im Nominativ und im Akkusativ: 指示代名詞

	Maskulinum	Neutrum	Femininum	Plural
Nominativ	der Pullover → **der**	das Kleid → **das**	die Bluse → **die**	die Schuhe → **die**
Akkusativ	den Pullover → **den**	das Kleid → **das**	die Bluse → **die**	die Schuhe → **die**

b) **Machen Sie Dialoge wie in 7 a).**

① r Pullover   ② s Kleid   ③ e Hose   ④ Sportschuhe

8 Sachiko telefoniert mit Hendrik.

Ergänzen Sie den Dialog.

> Du kannst uns gerne besuchen.
>
> Gehen wir morgen Abend ins Kino?
>
> Wer ist Anne?
>
> Ich besuche euch sehr gerne!
>
> Sie besucht mich dieses Wochenende.
>
> Da habe ich keine Zeit.
>
> Anne möchte dich bestimmt gern kennenlernen.

H: Hendrik   S: Sachiko

besuchen 訪れる
e Flasche (ひと) ビン
Ich freue mich. 嬉しい。

H: Hallo, Sachiko! _____

S: Oh, tut mir leid. _____ Morgen kommt Anne.

H: _____

S: Anne ist meine E-Mail-Freundin aus Berlin. _____

Morgen Abend kochen wir zusammen im Studentenwohnheim.

_____

H: Wirklich? Das ist toll! _____ Ich bringe eine Flasche Wein mit.

S: Super! Ich freue mich! _____

Regel 6 Personalpronomen im Akkusativ (1. und 2. Person)

Lesen Sie noch einmal den Dialog und ergänzen Sie die Personalpronomen.

Nominativ		Akkusativ	
ich	Sie besucht	_____	dieses Wochenende.
wir	Du kannst	_____	gerne besuchen.
du	Anne möchte	_____	bestimmt gern kennenlernen.
ihr	Ich besuche	_____	sehr gerne!

9 Ergänzen Sie das passende Personalpronomen.

a) Seid ihr am Wochenende zu Hause? Ich möchte _____ besuchen.

b) Wir sind heute zu Hause. Rufen Sie _____ heute Abend zu Hause an?

c) Ich koche heute. Möchtest du _____ besuchen?

d) Kommst du am Sonntag zu mir nach Hause? Meine Mutter möchte _____ kennenlernen.

10 Sachiko geht in den Supermarkt.

a) Lesen Sie das Anzeigenblatt.

b) Was kosten die Sonderangebote?

Beispiel: Eine Flasche Wasser kostet 19 Cent.
Ein Kilo Rindfleisch kostet 6 Euro 99.
Eine Packung Milch kostet 89 Cent.
250g Butter kosten 1 Euro 29.

s Sonderangebot 特売品
e Packung（ひと）パック

a) Brot   b) Tee   c) Wein   d) Zwiebeln   e) Reis

11 Was ist heute im Sonderangebot?

Hören Sie und kreuzen Sie an.

a) 1,79 Euro   b) 4,45 Euro   c) 2,99 Euro

12 Am Abend kochen Sachiko, Hendrik und Anne Spaghetti.

a) **Ergänzen Sie die Wörter.**   S: Sachiko   H: Hendrik   A: Anne

r Schrank   r Teller   s Wasser   r Flaschenöffner   s Messer

S: Hier sind Spaghetti, Tomaten, Zwiebeln und Obst für einen Obstsalat.
   Anne und Hendrik, schneidet bitte die Zwiebeln und die Tomaten!

H: Gern. Ich schneide die Zwiebeln. Gib mir bitte ein _____!

S: Hier bitte. Ich mache den Obstsalat.

A: Die Tomaten sind fertig.

H: Die Zwiebeln auch.

S: Danke. Gebt mir bitte die Tomaten und die Zwiebeln!

H: Was kann ich noch machen?

S: Hol den Topf aus dem _____ und koch das_____ für die Spaghetti!

H: Ja, gern.

S: Danke. Hendrik, Anne, holt jetzt bitte die _____ und deckt schon den Tisch!

A: Ich decke den Tisch. Hendrik, öffne bitte den Wein!

H: Ja, gern. Sachiko, gib mir bitte den _____!

S: Hier bitte.

> schneiden 切る
> fertig 終わった
> öffnen 開ける
> Tisch decken テーブルをセットする

Regel 7 **Imperativ zu du / ihr: du と ihr に対する命令形**

Du holst die Teller. → Hol~~st~~ ~~du~~ die Teller!
Ihr holt die Teller. → Holt ~~ihr~~ die Teller!

b) Lesen Sie noch einmal das Gespräch und ergänzen Sie.

不定詞	du に対する命令形	ihr に対する命令形
holen	**Hol** die Teller!	**Holt** die Teller!
decken	**Deck** den Tisch!	_____ den Tisch!
schneiden	**Schneide** bitte die Zwiebeln!	_____ bitte die Zwiebeln!
öffnen	_____ bitte den Wein!	**Öffnet** bitte den Wein!
geben	_____ mir bitte ein Messer!	_____ mir bitte die Tomaten!

13 Bitten Sie Ihren Partner im Imperativ. パートナーにお願いをしてください。

öffnen   holen   schneiden   geben   bringen   waschen ....

Öffne bitte die Flasche!

Ja, gern! / Na, klar!

Tut mir leid, ich habe keine Zeit / keinen Flaschenöffner.

a   b   c

d   e   f

14 Wann sind die Öffnungszeiten?

 a) Sprechen Sie mit Ihrem Partner.

e Öffnungszeit 営業時間
r Eingang 入口
geschlossen ↔ geöffnet

Eingang Gemüseladen

Öffnungszeiten:
montags – freitags
8.00 – 12.00 und 13.00 – 18.00
samstags
8.00 – 12.00

Wann ist der Gemüseladen am Samstag geöffnet?

Von 8 bis 12.

Am Kiosk

Mo. bis Sa.
7.00 – 18.00
So. geschlossen

Eingang Boutique

montags – freitags
11.00 – 20.00
Sa. 10.00 – 14.00

Eingang Supermarkt

Öffnungszeiten
Mo., Di., Mi. und Fr.
9.00 – 18.00
Do. und Sa. 9.00 – 20.00

Eingang Bäckerei

Mo. – Fr. 6.00 – 20.00
Samstag 6.00 – 20.00
Sonntag 7.00 – 18.00

b) Lesen Sie noch einmal die Öffnungszeiten. Kreuzen Sie an.

richtig falsch

① Am Kiosk können Sie auch am Sonntag eine Zeitung kaufen. ☐ ☐
② Im Supermarkt können Sie am Donnerstagabend um 9 Uhr noch einkaufen. ☐ ☐
③ In der Boutique können Sie jeden Tag bis 20 Uhr einkaufen. ☐ ☐
④ Der Gemüseladen ist von 12.00 bis 13.00 geschlossen. ☐ ☐
⑤ In der Bäckerei kann man auch am Sonntagabend bis 8 Uhr einkaufen. ☐ ☐

15 Ladenöffnungszeiten in Japan und Deutschland.

a) Lesen Sie den Text.

In den Großstädten Japans sind viele Supermärkte seit Jahren bis 22 Uhr oder 24 Uhr geöffnet. Dazu gibt es auch noch Convenience Stores an jeder Ecke. Dort kann man sogar 24 Stunden Einkäufe machen. Sie sind auch das ganze Jahr hindurch geöffnet. Die Supermärkte sind nur am 1. Januar geschlossen. Auch viele Kaufhäuser sind an Sonn- und Feiertagen geöffnet.

Anders ist die Situation in Deutschland. Viele Geschäfte sind von Montag bis Samstag bis 20 Uhr geöffnet und an Sonn- und Feiertagen geschlossen. Sonntags kann man nur an Bahnhofskiosken oder Tankstellen etwas kaufen.

Am Vormittag öffnen die meisten Geschäfte um neun Uhr oder um zehn Uhr. Eine Ausnahme sind Bäckereien. Sie öffnen schon vor sieben Uhr. Viele Leute sind schon um acht Uhr oder noch früher an ihrem Arbeitsplatz. Sie können auf dem Weg zur Arbeit etwas zum Frühstück oder für die Pause kaufen.

b) Antworten Sie in kompletten Sätzen. 文で答えてください。

① Ab wann kann man in Deutschland vormittags einkaufen?
② Wann schließen am Abend die Geschäfte in Deutschland?
③ Sind in Deutschland die Geschäfte sonntags geöffnet?
④ Wo kann man an Sonn- und Feiertagen einkaufen?
⑤ Wann öffnen die Bäckereien in Deutschland?

r Feiertag 祝日
s Geschäft 商店
e Tankstelle ガソリンスタンド
e Ausnahme 例外

Grammatik

1 Ordnungszahl 序数

序数は原則、19 までは 数字の後ろに -t、20 以上は –st をつけてつくる。

eins	zwei	drei	vier	sieben	acht	neunzehn	zwanzig	einundzwanzig
erst-	zweit-	dritt-	viert-	siebt-	acht-	neunzehnt-	zwanzigst-	einundzwanzigst-

der erste Stock　　　im (in dem) ersten Stock
der zweite Stock　　 im zweiten Stock
der dritte Stock　　　im dritten Stock

序数に続く下線部分は形容詞の格変化語尾。なお、数字だけで表記するときは、der 1. Stock のように数字の後にピリオドを打つ。

2 「この〜」を表す冠詞 dies-

	Maskulinum	Neutrum	Femininum	Plural
Nom.	der Pullover dieser Pullover	das Kleid dieses Kleid	die Bluse diese Bluse	die Schuhe diese Schuhe
Akk.	den Pullover diesen Pullover	das Kleid dieses Kleid	die Bluse diese Bluse	die Schuhe diese Schuhe

3 Demonstrativpronomen 指示代名詞

指示代名詞は、前にでてきた名詞が次の文脈で強調されるときに用いられる。形は定冠詞と同じ。

	Maskulinum	Neutrum	Femininum	Plural
Nom.	der	das	die	die
Akk.	den	das	die	die

4 Imperativ du と ihr に対する命令形

du, ihr に対する命令形では、動詞が文頭で、主語 (du, ihr) が消える。du に対する命令形のときには動詞の現在人称変化の語尾 -st も消え、ä 型の場合は変母音しない。また、sein の命令形は不規則。

	holen	schneiden	mitbringen	geben	schlafen	sein
du	hol	schneide	bring mit	gib	schlaf	sei
ihr	holt	schneidet	bringt mit	gebt	schlaft	seid

5 Personalpronomen 人称代名詞

Nom.	ich	du	wir	ihr	Sie
Akk.	mich	dich	uns	euch	Sie

Lektion 7 — Familie

Hendrik stellt seine Familie vor.

Welcher Text passt zu welchem Bild? Ordnen Sie zu.

a

b

c

d

1. Das sind meine Eltern. Mein Vater ist Computeringenieur und meine Mutter ist Englischlehrerin. Sie wohnen in Wien. Sie arbeiten gern im Garten. Ihr Garten ist immer sehr schön. Zwischen meinem Vater und meiner Mutter ist unser Hund Max. _____

2. Das sind meine Schwester und ihre Kinder. Meine Schwester ist seit zwei Jahren geschieden. Sie ist Ärztin. Ihre Tochter heißt Stephanie und ist sieben Jahre alt. Ihr Sohn Felix ist fünf Jahre alt. _____

3. Das ist mein Bruder. Er ist 28, Fotograf und ledig. Sein Hobby ist Reisen. Seine Wohnung in München liegt im Zentrum und ist sehr groß. _____

4. Das sind meine Großeltern und ihre Katze. Sie sind schon 45 Jahre verheiratet. Mein Großvater war Bäcker. Seine Brote schmecken einfach fantastisch. Meine Großmutter macht tolle Marmeladen. Sie wohnen auch in Wien. _____

1 Familienmitglieder und Familienstand

 a) Lesen Sie noch einmal die Texte auf Seite 79 und ergänzen Sie.

Familienmitglieder

Großeltern	Großvater (Opa)	–	(Oma)
Eltern		– Mutter	
Geschwister	Bruder	–	
Kind (Kinder)		– Tochter	

 b) Ergänzen Sie.

Familienstand

ledig   ledig   verheiratet   geschieden

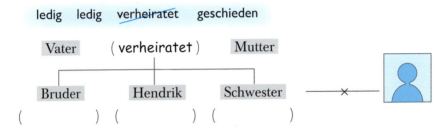

Regel 1 Possessivartikel / Personalpronomen im Nominativ:
所有冠詞・人称代名詞（主格）

Das ist **mein** Bruder. **Sein** Hobby ist Reisen.

Personalpronomen		Possessivartikel	Personalpronomen		Possessivartikel
ich	⇒	mein	wir	⇒	unser
du	⇒	dein	ihr	⇒	euer
er	⇒	sein			
sie	⇒	ihr	sie (Sie)	⇒	ihr (Ihr)
es	⇒	sein			

Ist das dein Bruder? Wie alt ist er?   Er ist 28.
Das ist sein Bruder.   Er ist 28.
Ist das dein Haus? Ist es gemütlich?   Ja, es ist sehr gemütlich.
Das ist sein Haus.   Es ist gemütlich.
Ist das deine Schwester? Ist sie verheiratet?   Ja, sie ist schon verheiratet.
Das ist seine Schwester.   Sie ist schon verheiratet.
Sind das deine Eltern? Wohnen sie in Wien?   Ja, sie wohnen schon lange in Wien.
Das sind seine Eltern.   Sie wohnen in Wien.

 Unterstreichen Sie die Possessivartikel auf S.79.

2 Sachiko und Hendrik sprechen über ihre Familie.

Ergänzen Sie.

H: Hendrik   S: Sachiko

H: Hast du Geschwister?
S: Nein, ich habe keine Geschwister. Und du?
H: Ich habe eine Schwester und einen Bruder.
S: Wo wohnt _____ Schwester?
H: _____ wohnt in Wien. Sie hat zwei Kinder. _____ Sohn Felix ist jetzt fünf und _____ Tochter Stephanie ist sieben Jahre alt.
S: Und wohnt _____ Bruder auch in Wien?
H: Nein, _____ wohnt in München. _____ Wohnung ist groß. _____ Hobby ist Reisen und _____ ist oft nicht da. Und wo wohnen _____ Eltern, in Kobe?
S: Ja. _____ Eltern reisen auch sehr gern. _____ kommen nächstes Jahr nach Deutschland.
H: Das ist ja toll!

s Reisen 旅行すること

3 Ryota stellt Anne seine Familie vor.

Ergänzen Sie die Possessivartikel und verbinden Sie.

süß かわいい
lustig おもしろい
e Stimme 声

a) Vorne rechts ist   •   • _____ Großeltern. Sie wohnen in Tokyo. Da siehst du auch ihren Hund. Ich finde ihn süß.

b) Hinten rechts ist   •   • _____ Cousine, Rie. Sie wohnt auch in Tokyo und ich sehe sie nicht so oft. Sie ist sehr lustig.

c) Vorne in der Mitte sind   •   • _mein_ Vater. Er ist Bankkaufmann und _____ Hobby ist Schwimmen.

d) Und vorne links ist   •   • _____ Mutter. Sie ist Hausfrau. _____ Hobby ist Singen. Ich finde ihre Stimme sehr schön.

e) Hinten links sind   •   • _____ Onkel und _____ Tante. Sie sind sehr nett und ich mag sie sehr. Rie ist _____ Tochter.

Regel 2 Possessivartikel / Personalpronomen im Akkusativ
所有冠詞・人称代名詞（目的格）

Ich finde <u>deinen</u> Hund süß. Ja, ich finde <u>ihn</u> auch süß.
Wie findest du <u>seinen</u> Hund? Ich finde <u>ihn</u> süß.
Ich finde <u>dein</u> Haus gemütlich. Ja, ich finde <u>es</u> auch gemütlich.
Wie findest du <u>sein</u> Haus? Ich finde <u>es</u> gemütlich.
Ich finde <u>deine</u> Mutter lustig. Ja, ich finde <u>sie</u> auch lustig.
Wie findest du <u>seine</u> Mutter? Ich finde <u>sie</u> lustig.
Ich finde <u>deine</u> Großeltern nett. Ja, ich finde <u>sie</u> auch nett.
Wie findest du <u>seine</u> Großeltern? Ich finde <u>sie</u> nett.

4 Ergänzen Sie die Endungen und die Personalpronomen.

a) Wie findest du mein___ Bruder? – Ich finde _____ nett.
b) Wie oft sehen Sie Ihr___ Großeltern? – Ich besuche _____ jeden Sonntag.
c) Wie findest du sein___ Haus? – Ich finde _____ sehr schön.
d) Magst du dein ___ Oma? – Ja, ich mag _____ sehr.

5 Anne zeigt Ryota ihr Familienfoto.

Hören Sie und kreuzen Sie an.   richtig falsch

a) Sarah ist mit Thomas verheiratet. ☐ ☐
b) Annes Mutter hat bald Geburtstag. ☐ ☐
c) Vorne rechts steht Annes Vater. ☐ ☐
d) Onkel Konrad ist 57 Jahre alt. ☐ ☐
e) Anne findet Tante Eva nett. ☐ ☐
f) Annes Mutter steht hinten rechts. ☐ ☐

r Geburtstag 誕生日

6 Die Monate.

Ordnen Sie zu.

| 1 | 2 | 3 | 4 | 5 | 6 | 7 | 8 | 9 | 10 | 11 | 12 |

Januar Juli März September Juni November

Mai Februar April Dezember Oktober August

7 Jahreszeiten: Welche Monate gehören zu welcher Jahreszeit?

gehören ～に属する

r Frühling	r Sommer	r Herbst	r Winter
März	Juni	September	Dezember
_____	_____	_____	_____
_____	_____	_____	_____

Regel 3 **Datum:** 日付 ー 序数 (L.6 参照) を使い、日・月・年の順で述べる。

Nominativ 1. 5. 2015 ⇒ der erste Mai / fünfte zweitausendfünfzehn

1. 5. 1997 ⇒ der erste Mai / fünfte neunzehnhundertsiebenundneunzig

Der **Wievielte** ist heute? – Heute ist **der erste** Mai / fünfte.

Wann bist du geboren? – Ich bin **am ersten** Mai / fünften 1997 geboren.

Wann? ⇒ am (an + Dativ)

8 Schreiben Sie die Daten.

a) Der Wievielte ist heute? *14.2.*

   Heute ist <u>der</u>_____, der Valentinstag!

b) Der Wievielte ist heute? *24.12.*

   Heute ist _____, der Heilige Abend!

c) Der Wievielte ist heute? _____

   _____.

d) Wann ist Wolfgang Amadeus Mozart geboren? *27.1.1756*

   Er ist <u>am</u>_____ geboren.

e) Wann ist Johann Sebastian Bach geboren? *21.3.1685*

   Er ist _____ geboren.

f) Wann sind Sie geboren?

   _____.

9 Wann haben die Leute Geburtstag?

Hören Sie.

Beispiel: 25.12.

a) _____ b) _____ c) _____ d) _____ e) _____ f) _____

10 Wann hast du Geburtstag?

a) **Interviewen Sie drei Kommilitonen.**

Wann hast du Geburtstag?   Am 15. Januar.

	Partner 1	Partner 2	Partner 3
Name			
Geburtstag			

b) **Berichten Sie: Wer hat wann Geburtstag?**

_____ hat am _____ Geburtstag.

_____ ist am _____ geboren.

11 Anne möchte Ryota zu ihrer Geburtstagparty einladen. Sie ruft ihn an, aber er ist nicht da. Sie spricht auf den Anrufbeantworter.

Hören Sie und kreuzen Sie an.

r Anrufbeantworter 留守番電話

a) Wann hat Anne Geburtstag? — Am 23.7. | Am 24.7. | Am 25.7.
b) Wo macht Anne ihre Geburtstagsparty? — Im Garten | Im Zimmer | Im Restaurant
c) Wann beginnt die Party? — Um 6.30 | Um 7.00 | Um 7.30
d) Wer kommt noch zur Party? — Ihr Mann | Ihre Schwester | Hendrik
e) Was bringt Sarah mit? — Wein | Kuchen | Salate

12 Ryota hört die Nachricht von Anne und schreibt Anne eine E-Mail.

Schreiben Sie die E-Mail von Ryota.

- Danken Sie für die Einladung.
- Sie kommen später. Warum?
- Sie wollen etwas mitbringen. Was?

später 遅れて

13 Was will Ryota Anne zum Geburtstag schenken?

Lesen Sie den Dialog.   R: Ryota   T: Torsten

R: Anne hat doch bald Geburtstag und ich möchte ihr etwas schenken. Hast du eine Idee?

T: Hmm... Ich weiß es auch noch nicht. Vielleicht eine CD oder ein Buch?

R: Nein, das ist langweilig.

T: Einen Schal vielleicht. Sie trägt gerne Schals.

R: Ja, ich weiß, aber sie hat doch schon so viele.

T: Oder etwas aus Japan?

R: Ja, gute Idee! Sie liebt die asiatische Küche. Ich schenke ihr ein Paar schöne Stäbchen.

langweilig ⇔ interessant
r Schal マフラー weiß < wissen 知っている

Regel 4 **Dativ** + **Akkusativ** schenken: 与格（〜に）目的格（〜を）贈る

	Dativ	Akkusativ
Ich schenke	meiner Freundin	einen Schal.
	ihr	

Possessivartikel / Personalpronomen im Dativ 所有冠詞・人称代名詞（与格）

Was schenkst du **deinem** Freund?	Ich schenke <u>ihm</u> eine CD.
Was schenkt Hendrik **seinem** Freund?	Er schenkt <u>ihm</u> eine CD.
Was schenkst du **deinem** Kind?	Ich schenke <u>ihm</u> ein Fahrrad.
Was schenkt Hendrik **seinem** Kind?	Er schenkt <u>ihm</u> ein Fahrrad.
Was schenkst du **deiner** Freundin?	Ich schenke <u>ihr</u> einen Schal.
Was schenkt Hendrik **seiner** Freundin?	Er schenkt <u>ihr</u> einen Schal.
Was schenkst du **deinen** Eltern?	Ich schenke <u>ihnen</u> ein Buch.
Was schenkt Hendrik **seinen** Eltern?	Er schenkt <u>ihnen</u> ein Buch.

14 Ergänzen Sie die Endungen und die Personalpronomen.

a) Ich schenke mein___ Eltern ein Bild.

b) Was schenkt Klaus sein___ Freundin? – Er schenkt _____ einen Schal.

c) Wir schenken unser___ Sohn ein Buch.

d) Was schenkt Sabine ihr___ Mutter? – Sie schenkt _____ eine Tasche.

e) Sachiko und Hendrik schenken ihr___ Freund eine CD.

f) Was schenkt Ryota sein___ Vater? – Er schenkt _____ eine Kinokarte.

15 Was können Sie Ihrem Freund Jörg und Ihrer Freundin Hua schenken?

Sprechen Sie mit Ihrem Partner.

s Kochbuch   e Kinokarte   r Rucksack   s Wörterbuch   r Reiseführer

Sportschuhe   r Kugelschreiber   e Tasche   e Uhr   e Klassik-CD

a Jörg

kocht gern
reist gern
geht gern ins Kino

> Jörg hat bald Geburtstag. Was soll ich ihm schenken?

> Er kocht gern. Du kannst ihm ein Kochbuch schenken.

> Aber er hat schon viele Kochbücher.

Was soll ich ... schenken? 何を贈ればいいかなあ？

b Hua

geht ins Fitnessstudio
lernt Französisch
mag klassische Musik

c Geburtstagskind in der Klasse
·
·
·

16 Wem gehört was? Verbinden Sie und fragen Sie Ihren Partner.

| Mutter | Vater | Bruder | Schwester | Großeltern |

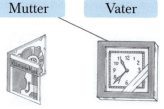

Gehört die Uhr deiner Mutter?

   Ja, sie gehört ihr.

   Nein, sie gehört nicht ihr. Sie gehört meinem Vater.

> gehören 〜のものである

17 Ryota möchte zur Geburtstagsparty eine Freundin aus Japan mitbringen.

Lesen Sie den Dialog.   R: Ryota   A: Anne

R: Anne, ich möchte dir meine Freundin vorstellen.
   Sie heißt Mika. Kann ich sie zur Party mitbringen?

A: Na, klar! Ich freue mich schon.

R: Wir möchten dir etwas schenken. Hast du einen Wunsch?

A: Ihr könnt mir etwas Typisches aus Japan schenken.

R: Hm, ich habe auch schon eine Idee.

> *r* Wunsch 希望

Regel 5   **Personalpronomen im Dativ**

   Ich möchete <u>dir</u> meine Freundin vorstellen.

Ergänzen Sie.

Nominativ	ich	du	er	es	sie	wir	ihr	sie/Sie
Dativ				ihm		uns	euch	ihnen/Ihnen

18 Ergänzen Sie.

   mir   dir   Ihnen   uns   euch

a) Wie geht es _____ , Frau Stein?   – Danke, sehr gut.

b) Kannst du bitte die Tomaten schneiden?   – Dann gib _____ bitte das Messer!

c) Zeig _____ bitte die Fotos aus Deutschland!
   – Ja, gern. Wollt ihr auch nach Deutschland fahren?

d) Soll ich _____ meinen Bruder vorstellen?
   – Ja, bitte. Ich möchte ihn kennenlernen.

e) Hallo Julia und Felix, wie geht es _____?   – Danke, es geht.

19 Familien in Deutschland

 a) Welche Grafik passt zu welchem Text? Lesen Sie die Grafiken und die Texte.

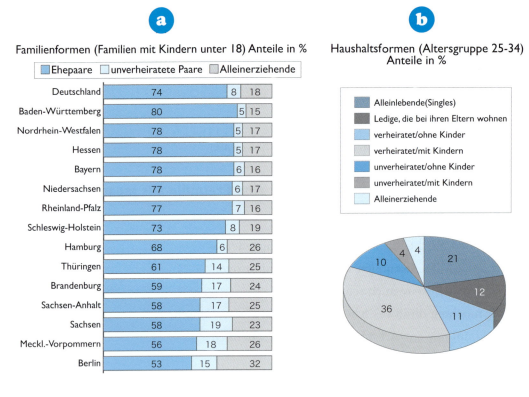

(Text   )   (Text   )

 I Wie leben junge Erwachsene heute in Deutschland? 61% der jungen Leute leben mit einem Partner oder einer Partnerin zusammen. 47% von ihnen sind verheiratet, der Rest lebt unverheiratet zusammen. Die Ehe ist also bei den jungen Leuten immer noch wichtig. 21% sind ledig und leben allein. 12% der jungen Leute zwischen 25 und 34 Jahren wohnen noch bei ihren Eltern.

 II Was ist eigentlich eine Familie? Familien sind Eltern-Kind-Gemeinschaften, das heißt alle Ehepaare, unverheiratete Paare und Alleinerziehende mit Kindern. In 82% der Familien ist das Zusammenleben von Vater, Mutter und Kind der Normalfall. Davon sind 74% Ehepaare und 8% unverheiratete Paare. Die übrigen 18% der Familien sind Ein-Eltern-Familien, die meisten sind alleinerziehende Mütter. Auffällig sind die Ost-West-Unterschiede. In den ostdeutschen Bundesländern (Thüringen, Brandenburg, Sachsen-Anhalt, Sachsen, Mecklenburg-Vorpommern und Berlin) sind nur 50-60% der Familien Ehepaare mit Kindern, in den westdeutschen Bundesländern liegen die Zahlen zwischen 68 und 80%.

b) Sind die Aussagen richtig oder falsch? Kreuzen Sie an.   richtig   falsch

① 47% der 25- bis 34-Jährigen sind verheiratet.   ☐ ☐
② In 82% der Familien sind die Eltern verheiratet.   ☐ ☐
③ 12% der 25- bis 34-Jährigen leben allein.   ☐ ☐
④ In 18% der Familien gibt es nur einen Elternteil, Vater oder Mutter.   ☐ ☐
⑤ 15% der Eltern in Berlin sind nicht verheiratet.   ☐ ☐
⑥ 21% der jungen Leute sind ledig.   ☐ ☐

20 Die Sprache im Unterricht.

Ordnen Sie zu.

① Hören Sie! ② Sehen Sie! ③ Lesen Sie! ④ Sprechen Sie! ⑤ Schreiben Sie!
⑥ Kreuzen Sie an! ⑦ Ordnen Sie zu! ⑧ Fragen und antworten Sie!

a) _____   b) _____   c) _____   d) _____

e) _____   f) _____   g) _____   h) _____

Regel 6 **Imperativ:** 命令形

Ergänzen Sie.

不定詞	du に対する命令形	ihr に対する命令形	Sie に対する命令形
hören	Hör!	Hört!	Hören Sie!
schreiben	_____!	_____!	_____!
fragen	_____!	_____!	_____!
antworten	_____!	_____!	_____!
zuordnen	Ordne zu!	_____!	_____!
ankreuzen	_____!	_____!	_____!
sprechen	Sprich!	_____!	_____!
lesen	_____!	_____!	_____!
sehen	_____!	_____!	_____!

neunundachtzig

Grammatik

1 Possessivpronomen 所有冠詞

mein 私の	dein 君の	Ihr あなたの	sein 彼の	ihr 彼女の	sein その
unser 私たちの	euer 君たちの	Ihr あなた方の	ihr 彼らの・彼女たちの・それらの		

所有冠詞は不定冠詞 (ein) と同様の格変化をする。（66 ページを参照）

	Maskulinum	Neutrum	Femininum	Plural
Nom.	sein Vater	sein Kind	seine Mutter	seine Kinder
Akk.	seinen Vater	sein Kind	seine Mutter	seine Kinder
Dat.	seinem Vater	seinem Kind	seiner Mutter	seinen Kinder**n**
				seinen Eltern
				seinen Fotos

2 Personalpronomen 人称代名詞

Nom.	ich	du	er	es	sie	wir	ihr	sie	Sie
Akk.	mich	dich	ihn	es	sie	uns	euch	sie	Sie
Dat.	mir	dir	ihm	ihm	ihr	uns	euch	ihnen	Ihnen

3 Imperativ Sie に対する命令形

a) 分離しない動詞：不定形 + Sie!

　　Antworten Sie!　Fragen Sie!　Hören Sie!　Lesen Sie!　Sprechen Sie!　Sehen Sie!

b) 分離する動詞：基礎動詞部分 + Sie + 前つづり

　　Kreuzen Sie an!　Ordnen Sie zu!

4 Verben und Kasus 動詞と格の関係

Nominativ
　Das ist mein Freund.
　Das sind meine Eltern.
　Mein Hund heißt Max.

Dativ
　Der Fisch schmeckt mir gut.
　Das Haus gehört ihm.
　Die Tasche gefällt meiner Mutter.

Dativ+Akkusativ
　Ich schenke dir einen Schal.
　Gib mir das Glas!
　Anne schreibt ihrem Freund eine E-Mail.
　Ryota zeigt seinen Freunden die Fotos.

Akkusativ
　Anne lädt ihre Freunde zur Party ein.
　Ryota kennt meinen Vater.
　Es gibt Familien mit vielen Kindern.
　Ich finde deine Mutter nett.

Lektion 8 — Start Deutsch 1

Hören (circa 20 Minuten)

Dieser Test hat drei Teile. Sie hören kurze Gespräche und Ansagen. Zu jedem Text gibt es eine Aufgabe. Lesen Sie zuerst die Aufgabe, hören Sie dann den Text dazu. Kreuzen Sie die richtige Lösung an. Schreiben Sie zum Schluss Ihre Lösungen auf den Antwortbogen.

▶ **Teil 1**   Was ist richtig? Kreuzen Sie an: a, b oder c.
             Sie hören jeden Text zweimal.

Beispiel Welche Zimmernummer hat Herr Schneider?

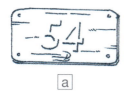  

a   b   ☒

1 Wann will der Mann Elke abholen?

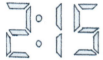  

|a| Um Viertel nach zwei |b| Um drei Uhr |c| Um halb fünf

2 Wo darf man parken?

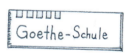  

|a| Bei der Goethe-Schule |b| Bei der Post |c| Beim Restaurant ‚Sonne'

3 Der Gast reserviert einen Tisch … .

|a| im Garten |b| im ersten Stock |c| am Fenster

4 Die junge Frau will am Samstag … .

|a| auf eine Party gehen |b| eine Ausstellung besuchen |c| lernen

Kandidatenblätter

5 Die Frauen kaufen ein Geschenk für ... .

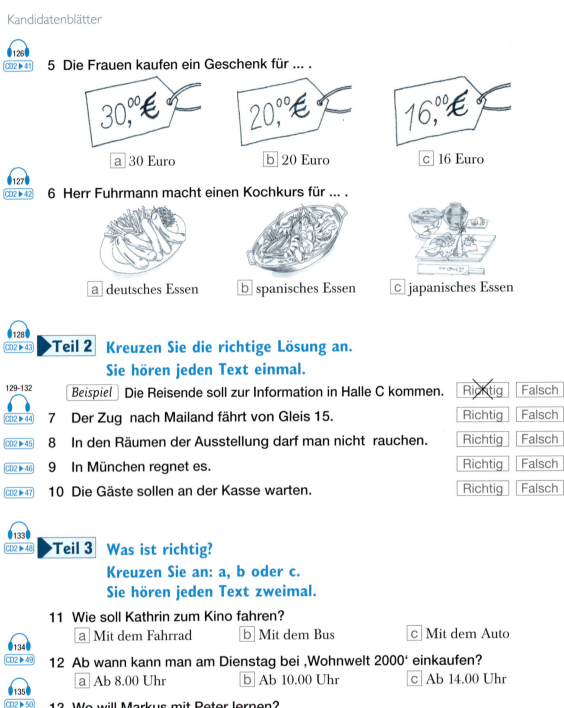

   a 30 Euro   b 20 Euro   c 16 Euro

6 Herr Fuhrmann macht einen Kochkurs für ... .

   a deutsches Essen   b spanisches Essen   c japanisches Essen

▶ **Teil 2** **Kreuzen Sie die richtige Lösung an.**
   Sie hören jeden Text einmal.

   Beispiel Die Reisende soll zur Information in Halle C kommen.   ~~Richtig~~   Falsch

7   Der Zug nach Mailand fährt von Gleis 15.   Richtig   Falsch
8   In den Räumen der Ausstellung darf man nicht rauchen.   Richtig   Falsch
9   In München regnet es.   Richtig   Falsch
10 Die Gäste sollen an der Kasse warten.   Richtig   Falsch

▶ **Teil 3** **Was ist richtig?**
   Kreuzen Sie an: a, b oder c.
   Sie hören jeden Text zweimal.

11 Wie soll Kathrin zum Kino fahren?
    a Mit dem Fahrrad   b Mit dem Bus   c Mit dem Auto

12 Ab wann kann man am Dienstag bei ‚Wohnwelt 2000' einkaufen?
    a Ab 8.00 Uhr   b Ab 10.00 Uhr   c Ab 14.00 Uhr

13 Wo will Markus mit Peter lernen?
    a Bei Peter   b Bei Markus   c In der Schule

14 Wann gibt es keinen Unterricht?
    a Am Dienstag   b Am Samstag   c Am Montag

15 Was soll die Firma bis Samstag bringen?
    a Rotwein   b Weißwein   c Apfelsaft

   ✱ Ende des Tests Hören.
   Schreiben Sie jetzt Ihre Lösungen 1 – 15 auf den Antwortbogen.

Lesen (circa 25 Minuten)

Dieser Test hat drei Teile. Sie lesen kurze Briefe, Anzeigen etc. Zu jedem Text gibt es Aufgaben. Kreuzen Sie die richtige Lösung an.

> **Teil 1** **Lesen Sie die beiden Texte.**
> **Sind die Aussagen 1 – 5 richtig oder falsch? Kreuzen Sie an.**

Beispiel Christian möchte mit Matthias frühstücken.   [☒ Richtig] [Falsch]

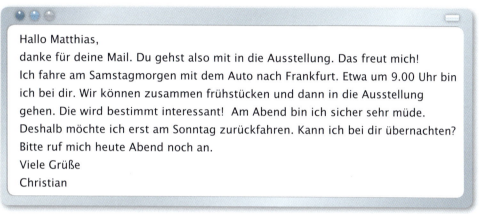

Hallo Matthias,
danke für deine Mail. Du gehst also mit in die Ausstellung. Das freut mich! Ich fahre am Samstagmorgen mit dem Auto nach Frankfurt. Etwa um 9.00 Uhr bin ich bei dir. Wir können zusammen frühstücken und dann in die Ausstellung gehen. Die wird bestimmt interessant! Am Abend bin ich sicher sehr müde. Deshalb möchte ich erst am Sonntag zurückfahren. Kann ich bei dir übernachten? Bitte ruf mich heute Abend noch an.
Viele Grüße
Christian

1 Matthias und Christian wollen eine Ausstellung besuchen.   [Richtig] [Falsch]
2 Christian fährt nach der Ausstellung nach Hause.   [Richtig] [Falsch]

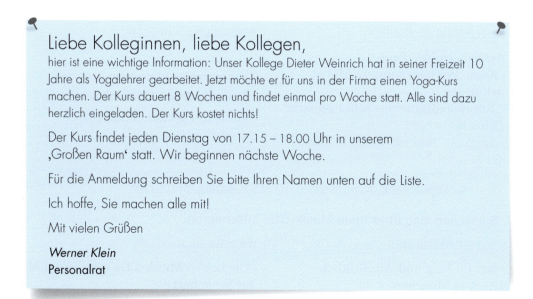

Liebe Kolleginnen, liebe Kollegen,

hier ist eine wichtige Information: Unser Kollege Dieter Weinrich hat in seiner Freizeit 10 Jahre als Yogalehrer gearbeitet. Jetzt möchte er für uns in der Firma einen Yoga-Kurs machen. Der Kurs dauert 8 Wochen und findet einmal pro Woche statt. Alle sind dazu herzlich eingeladen. Der Kurs kostet nichts!

Der Kurs findet jeden Dienstag von 17.15 – 18.00 Uhr in unserem ‚Großen Raum' statt. Wir beginnen nächste Woche.

Für die Anmeldung schreiben Sie bitte Ihren Namen unten auf die Liste.

Ich hoffe, Sie machen alle mit!

Mit vielen Grüßen

Werner Klein
Personalrat

Kandidatenblätter

Teilnehmerinnen und Teilnehmer am Yoga-Kurs:
1. _____
2. _____
3. _____

3 Die Firma bietet einen Yoga-Kurs an.   Richtig Falsch

4 Der Kurs findet in der Firma statt.   Richtig Falsch

5 Man muss nichts bezahlen.   Richtig Falsch

▶ **Teil 2** Lesen Sie die Texte und die Aufgaben 6 – 10.
Welche Anzeige ist für Sie interessant? Kreuzen Sie an: a oder b?

Beispiel Sie wollen wissen: Regnet es in Deutschland?

www.openair.de	www.dwd.de
Open-Air Konzert am 30.5. findet bei Regen in der Stadthalle statt.	**Deutscher Wetterdienst** **Wetter und Klima** - Wetter aktuell - Warnungen - Umweltinfos - Klimadaten

a www.openair.de   ☒ www.dwd.de

6 Sie leben in Leipzig und suchen einen Kurs ‚Wie repariere ich mein Fahrrad?'

www.leipzig.de/hobbys	www.leipzig.fahrrad.de
Aktuelle Hobby-Tipps: - Kurs: ‚Wir bauen unsere Möbel selbst' - ‚Fahrradreparaturen – selbst gemacht' (Kurs 1) - ‚Kochen – unser Hobby', Kochkurs für Männer	- Fahrradwege in und um Leipzig - Tipps für Ihren Fahrradkauf - Mit dem Fahrrad in den Urlaub

a www.leipzig.de/hobbys   b www.leipzig.fahrrad.de

7 Sie wollen sich über neue Musik-CDs informieren.

www.musikinfo.com	www.musik.markt.de
- Jazz für Jung und Alt: Rostock - Rock in München - Liederabende im Kölner Dom - Klassik trifft Jazz: Konzerte in Hamburg	- Die besten Musik-CDs von diesem Monat für Sie gehört - Wer ist neu dabei? Informationen über Musikgruppen und Sänger

a www.musikinfo.de   b www.musik.markt.de

8 Sie haben viele Kleider und Schuhe zu Hause, aber Sie brauchen sie nicht mehr. Sie möchten die Sachen anderen Leuten geben.

Menschen in Not
Wir suchen dringend Kinder-, Jugend- und Erwachsenenkleidung.
Sie haben gute Kleider und brauchen sie nicht mehr? Dann bringen Sie sie am Freitag von 9.00 – 18.00 Uhr zu unserer Sammelstelle, Marktstraße 20.
Wir geben sie weiter an Menschen in Not. Vielen Dank!
www.menschen-in-not.de

Brauchen Sie
- Kinderkleidung
- Spielsachen
- Kindermöbel?

Sie bekommen alles kostenlos, müssen die Sachen aber selbst abholen.
Sie haben Interesse? Dann rufen Sie **Lieselotte** an:
Tel. 07262-89765

[a] Menschen in Not   [b] Lieselotte

9 Sie wollen für Ihre kleine Tochter eine besondere Geburtstagsparty machen.

Kindergeburtstag mal ganz anders -
Das Geburtstagskind kocht mit seinen Gästen.

Gefällt Ihnen das?
Dann rufen Sie uns an.
Tel.: 894567

Kinderdisco – die neue CD
mit Kinderliedern für alle Feste:
Geburtstag, Hochzeit, Muttertag, etc.
Preis: 15,50 Euro
Buchhandlung Völler, Marktstr. 5
Tel.: 928374

[a] Kindergeburtstag   [b] Kinderdisco

10 Sie wollen einen Deutschkurs machen. An den Nachmittagen von Montag bis Freitag und am Samstagmorgen müssen Sie arbeiten. Welcher Kurs passt für Sie?

Kurs 4150
Montag, Mittwoch, Freitag, Samstag:
09.00 – 13.00 Uhr
Dienstag und Donnerstag:
14.00 – 18.00 Uhr

Kurs 4160
Montag – Freitag:
8.00 – 13.00 Uhr
Und an zwei Samstagen:
14.00 – 18.00 Uhr

[a] Kurs 4150   [b] Kurs 4160

> **Teil 3** Lesen Sie die Texte und die Aufgaben 11 – 15.
> Kreuzen Sie an. Richtig oder Falsch?

[Beispiel] Zum Deutschlernen gehen Sie in die Beethovenstraße 23.   [☒] Richtig   [ ] Falsch

> Sprachbistro
> Das Sprachbistro ist umgezogen.
> Sie finden uns jetzt in der
> Beethovenstr. 23

11 Am Dom

> Nächste Domführung um 15.00 Uhr.

Sie können den Dom um 15.00 Uhr besichtigen. | Richtig | | Falsch |

12 Am Autofenster

> Kaufe Ihr altes Auto.
> Günstige Preise. Zahle bar.
> Sie können 24 Stunden anrufen.
> Philipp Maurer, Tel: 0163- 675970

Sie können Philipp Maurer Ihr Auto jederzeit zum Kaufen anbieten.
| Richtig | | Falsch |

13 An der Tür der Bäckerei

> Am Samstag, 23.10., ist unsere Bäckerei in der Rathausstraße geschlossen. In unserem Geschäft in der Märzgasse sind wir auch am Samstag für Sie da. Vielen Dank. Familie Rau.

Am 23.10. können Sie in den Geschäften von Familie Rau nicht einkaufen.
| Richtig | | Falsch |

14 Im Reisebüro

> Unser Super-Angebot für Ihren Urlaub:
> Eine Woche Urlaub in den Bergen für 220 Euro pro Person.
> Kinder bis 14 Jahre zahlen den halben Preis!
>
> Familien-Hotel Sager
> 69682 Todtmoos/Schwarzwald
> Tel: 07674 - 3578

Eine Woche Urlaub kostet für Kinder nur 110 Euro. | Richtig | | Falsch |

15 An der Sprachenschule

> Deutschkurse für Erwachsene, Jugendliche und Kinder:
> Semesterbeginn: 22.10.
> Einzelunterricht in allen Kursen möglich: 30 Euro/Stunde
>
> Institut ALPHA, Sofienstr. 38
> Tel:12983476
> service@alpha.net.de

Ein Kurs kostet 30 Euro. | Richtig | | Falsch |

Schreiben (ca. 20 Minuten)

Dieser Text hat zwei Teile. Sie füllen ein Formular aus und schreiben eine kurze Mitteilung. Schreiben Sie zum Schluss Ihre Lösungen auf den Antwortbogen. Wörterbücher sind nicht erlaubt.

▶ **Teil 1** **Hiroshi Yamamoto aus Tokyo will mit seiner Familie umziehen. Er muss für seinen neuen Vermieter ein Formular ausfüllen, die „Mieterauskunft".**

Herr Yamamoto arbeitet seit zwei Jahren als Chemiker in München. Pro Monat verdient er ca. 2.800 Euro netto.
Nach der Geburt von Mika, dem zweiten Kind, ist die alte Wohnung für die Eltern, die Kinder und Hund Sherlock zu klein geworden.
Für seinen Beruf braucht er keine Deutschkenntnisse. Helfen Sie und schreiben Sie für Hiroshi Yamamoto die fünf fehlenden Informationen in das Formular.

Am Ende übertragen Sie Ihre Lösung bitte auf den Antwortbogen.

Mieterauskunft

Name: _Hiroshi Yamamoto_
Geburtsdatum: _17.03.1970_   Geburtsort: _Tokio_
Staatsangehörigkeit: _____ (1)
Familienstand: ledig   O (2)
(Bitte ankreuzen) verheiratet O
                   geschieden   O
Adresse: _Herzogstr. 25, 80803 München_
Telefon privat: _089-314 59745_   Mobil: _0171-36672111_
Beruf: _Chemiker_
Monatliches Einkommen: _____ (3)
Arbeitgeber: _Firma Mattis_

Wie viele Leute ziehen in die Wohnung? _____ (4)
Welche Haustiere haben Sie? _____ (5)

München, 10.10. 2.....   _Hiroshi Yamamoto_
                              (Unterschrift)

▶ **Teil 2** **Die Heizung in Ihrer Wohnung ist seit gestern kaputt. Schreiben Sie eine E-Mail an Ihren Vermieter, Herrn Offer.**

- Sagen Sie Ihr Problem.
- Bitten Sie Ihren Vermieter: Er soll einen Techniker schicken.
- Fragen Sie nach dem Termin für die Reparatur.

Schreiben Sie zu jedem Punkt ein bis zwei Sätze auf den Antwortbogen (ca. 30 Wörter). Vergessen Sie nicht den passenden Anfang und Gruß am Schluss.

Antwortbogen

Hören

	Teil 1				Teil 2			Teil 3		
	a	b	c		Richtig	Falsch		a	b	c
1	☐	☐	☐	7	☐	☐	11	☐	☐	☐
2	☐	☐	☐	8	☐	☐	12	☐	☐	☐
3	☐	☐	☐	9	☐	☐	13	☐	☐	☐
4	☐	☐	☐	10	☐	☐	14	☐	☐	☐
5	☐	☐	☐				15	☐	☐	☐
6	☐	☐	☐							

Lesen

	Teil 1			Teil 2			Teil 3	
	Richtig	Falsch		a	b		Richtig	Falsch
1	☐	☐	6	☐	☐	11	☐	☐
2	☐	☐	7	☐	☐	12	☐	☐
3	☐	☐	8	☐	☐	13	☐	☐
4	☐	☐	9	☐	☐	14	☐	☐
5	☐	☐	10	☐	☐	15	☐	☐

Schreiben

Teil 1

1 _____

2 _____

3 _____

4 _____

5 _____

Teil 2

Schreiben Sie Ihren Text hier (ca. 30 Wörter).

_____
_____
_____
_____
_____

Sprechen, circa 15 Minuten

Dieser Teil hat drei Teile. Sprechen Sie bitte in der Gruppe.

▶ Teil 1 Sich vorstellen

Name?
Alter?
Land?
Wohnort?
Sprachen?
Beruf?
Hobby?

▶ Teil 2 Um Informationen bitten und Informationen geben.

Start Deutsch 1	Sprechen Teil 2	Start Deutsch 1	Sprechen Teil 2
Thema: Abend		Thema: Abend	
Essen		**Arbeit**	
Start Deutsch 1	Sprechen Teil 2	Start Deutsch 1	Sprechen Teil 2
Thema: Abend		Thema: Abend	
Familie		**Sport**	

Start Deutsch 1	Sprechen Teil 2	Start Deutsch 1	Sprechen Teil 2
Thema : Sport		Thema : Sport	
Freunde		**Fahrrad**	

Start Deutsch 1	Sprechen Teil 2	Start Deutsch 1	Sprechen Teil 2
Thema : Sport		Thema : Sport	
Urlaub		**Fernsehen**	

▶ Teil 3 Eine Bitte formulieren und darauf reagieren.

hunderteins ● 101

Wortgruppenliste

Zahlen

0	null	20	zwanzig
1	eins	21	einundzwanzig
2	zwei	30	dreißig
3	drei	40	vierzig
4	vier	50	fünfzig
5	fünf	60	sechzig
6	sechs	70	siebzig
7	sieben	80	achtzig
8	acht	90	neunzig
9	neun	100	(ein)hundert
10	zehn	101	hunderteins
11	elf	200	zweihundert
12	zwölf	1.000	(ein)tausend
13	dreizehn		
14	vierzehn		
15	fünfzehn		
16	sechzehn		
17	siebzehn		
18	achtzehn		
19	neunzehn		

Zeitmaße, Zeitangaben

e Sekunde, -n   *e* Minute, -n
e Stunde, -n   *r* Tag, -e
e Woche, -n   *s* Jahr, -e

Woche / Wochentage

r Wochentag / wochentags
r Sonntag / sonntags
r Montag / montags
r Dienstag / dienstags
r Mittwoch / mittwochs
r Donnerstag / donnerstags
r Freitag / freitags
r Samstag / samstags
s Wochenende / am Wochenende

Tag / Tageszeiten

r Tag / täglich   *r* Morgen / morgens
r Vormittag / vormittags *r* Mittag / mittags
r Nachmittag / nachmittags
r Abend / abends
e Nacht / nachts

Monat / Monatsnamen

r Januar	*r* Februar
r März	*r* April
r Mai	*r* Juni
r Juli	*r* August
r September	*r* Oktober
r November	*r* Dezember

Jahr / Jahreszeiten

r Frühling / *r* Sommer / *r* Herbst / *r* Winter

Feiertage

Neujahr / Ostern / Weihnachten / Silvester

Maße und Gewichte

ein Zentimeter   1 cm
ein Meter   1 m
ein Meter fünfzehn   1,15 m
ein Kilometer   1 km
ein Quadratmeter   1 qm
ein Prozent   1%   ein Liter   1 l
ein Gramm   1 g   ein halbes Kilo   500 g
ein Kilo(gramm)   1 kg

Farben

schwarz / grau / blau / grün / weiß /
rot / gelb / braun

Himmelsrichtungen

r Norden / *r* Süden / *r* Westen / *r* Osten
Norddeutschland / Süddeutschland /
Westdeutschland / Ostdeutschland

Fragewörter

wann
warum
was
welch-
wer
wie / wie groß / wie lange / wie viel(e) / wie alt
wo / woher / wohin

Grammatische Termini 文法用語

Wortart	品詞
Adjektiv	形容詞
Adverb	副詞
Artikel	冠詞
Konjunktion	接続詞
Nomen	名詞
Präposition	前置詞
Verb	動詞

Kasus	格
Akkusativ	目的格（4 格）
Dativ	与格（3 格）
Nominativ	主格（1 格）

Genus	（文法上の）性
Femininum	女性名詞
Maskulinum	男性名詞
Neutrum	中性名詞

Artikel	冠詞
definiter Artikel	定冠詞
indefiniter Artikel	不定冠詞
Negativartikel	否定冠詞
Nullartikel	無冠詞
Possessivartikel	所有冠詞

Pronomen	代名詞
Demonstrativpronomen	指示代名詞
Indefinitpronomen	不定代名詞
Personalpronomen	人称代名詞

Numerus	数
Plural	複数
Singular	単数

Verb	動詞
Modalverben	話法の助動詞
Partizip Präteritum	過去分詞
Perfekt	現在完了
Präsens	現在
Verbkonjugation	動詞人称変化
Vokalwechsel	変母音
trennbare Verben	分離動詞
Fragesatz	疑問文
Imperativ	命令形
Wortstellung	語順

Wortliste

> **A1** Start Deutsch 1 (A1) に必要な単語　**現在** 不規則動詞（現在変化）
> **A2** Start Deutsch 2 (A2) に必要な単語　**過分** 不規則動詞（過去分詞）

Einführung & Lektion 1

Nomen

Anglistik
e Antwort, Antworten **A1**
Biologie
BWL (Betriebswirtschaftslehre)
Chemie
China
Deutsch **A1**
Deutschland **A1**
e Einführung, Einführungen
England
Englisch
Frankreich
Französisch
Germanistik
Geschichte
r Gruß, Grüße **A1**
e Herkunft
Informatik
e Information, Informationen **A1**
s Interview, Interviews
Japan **A1**
Japanisch **A1**
Japanologie
Jura
Korea
r Lehrer 女性 Lehrerin **A1**
e Lektion, Lektionen
Mathematik
r Name, Namen **A1**
Österreich
r Partner 女性 Partnerin **A1**
e Person, Personen
Physik
Psychologie
e Regel, Regeln
e Schweiz

e Seite, Seiten
Soziologie
Spanien
Spanisch
e Sprache, Sprachen **A1**
e Stadt, Städte **A1**
r Student 女性 Studentin **A1**
s Studienfach, Studienfächer
s Studium, Studien **A1**
e Universität, Universitäten **A2**
Wirtschaftswissenschaften
r Wohnort, Wohnorte

Personalpronomen

du **A1**
er **A1**
ich **A1**
sie **A1**

Verben

fragen **A1**
heißen **A1** 過分 geheißen
kennen|lernen **A2**
kommen **A1** 過分 gekommen
lernen **A1**
machen **A1**
sein **A1** 現在 ich bin/ du bist/ er ist/ wir sind/ ihr seid/ sie(Sie) sind 過分 gewesen
sprechen **A1** 現在 sprichst/ spricht 過分 gesprochen
studieren **A1**
(sich) treffen **A1** 現在 triffst/ trifft 過分 getroffen
(sich) vor|stellen **A1**
wohnen **A1**

Adjektive und Adverbien

auch **A1**
einmal **A1** ➡ noch ~
falsch **A1**
hier **A1**

ja **A1**
jetzt **A1**
nein **A1**
richtig **A1**
sehr **A1**

Konjunktionen

aber **A1**
oder **A1**
und **A1**

Präpositionen

aus **A1**
in **A1**

Grüße

Auf Wiedersehen.
Danke.
Es geht.
Gut.
Gute Nacht.
Guten Abend.
Guten Morgen.
Guten Tag. / Tag.
Hallo.
Nicht so gut.
Sehr gut.
Tschüs.
Und dir?
Und Ihnen?
Wie geht es Ihnen?
Wie geht's?

Lektion 2

Nomen

e Adresse, Adressen **A1**
s Alphabet
s Alter **A1**
r Angestellter 女性 Angestellte **A2**
r Arzt 女性 Ärztin **A1**
s Auto, Autos **A1**

r Baseball
r Beruf, Berufe A1
e Boutique, Boutiquen
r Comic, Comics
r Computer, Computer A1
r Deutscher 女性 Deutsche
e DVD, DVDs
e E-Mail, E-Mails A1
s Essen A1
r Familienname, Familiennamen A1
r Film, Filme A2
s Formular, Formulare A1
e Frau, Frauen A1
e Freizeit A1 ➜ ~aktivität
r Freund, Freunde A1 ➜ ~treffen
r Fußball A1
r Garten, Gärten A1
e Hausfrau, Hausfrauen A1
r Hausmann, Hausmänner A1
s Hobby, Hobbys A1
r Hörer 女性 Hörerin
s Interesse, Interessen
r Interviewer 女性 Interviewerin
s Internet A1
r Japaner 女性 Japanerin
r Junge, Jungen A1
r Kellner 女性 Kellnerin A2
s Konzert, Konzerte A1
Leute (Pl.) A1
r Mann, Männer A1
e Maschine, Maschinen A1
r Mechaniker 女性 Mechanikerin A2
r Mensch, Menschen A1
e Musik A2
e Nummer, Nummern A1 ➜ Haus~, Telefon~
r Ort, Orte A1
r Patient 女性 Patientin
r Platz, Plätze A1
e PLZ (=Postleitzahl)

s Restaurant, Restaurants A1
e Rezeption, Rezeptionen A1
e Schule, Schulen A1
r Schüler 女性 Schülerin A1
r Sport A1
e Sportart
e Straße, Straßen A1
r Unterricht A1
r Verein, Vereine A1 ➜ Fußball~
r Verkäufer 女性 Verkäuferin A1
r Vorname, Vornamen A1
e Zahl, Zahlen A2

  Personalpronomen
ihr A1
Sie A1
sie (3人称複数) A1
wir A1

  Verben und verbale Ausdrücke
antworten A1
arbeiten A1 ➜ im Garten~
aus|füllen A1
bringen A1 過分 gebracht
buchstabieren A1
ein|kaufen A1
fahren A1 現在 fährst/fährt 過分 gefahren ➜ Auto~, (Fahr)rad~, Motorrad~, Ski~
faulenzen
fern|sehen A1 現在 siehst fern/sieht fern 過分 ferngesehen
fotografieren
geben A1 現在 gibst/gibt 過分 gegeben
gehen A1 過分 gegangen ➜ einkaufen~, spazieren~, ins Kino~, ins Konzert~
haben A1 現在 hast/hat 過分 gehabt
hören A1 ➜ Musik~, Jazz~
kochen A1

lesen A1 現在 liest/liest 過分 gelesen
liegen A1 過分 gelegen
machen A1 ➜ Sport~, Interview~
reparieren A1
schreiben A1 過分 geschrieben ➜ E-Mails~
schwimmen A1 過分 geschwommen
sehen A1 現在 siehst/sieht 過分 gesehen ➜ DVD~, Filme~
singen A2 過分 gesungen
spielen A1 ➜ Baseball~, Fußball~, Gitarre~, Golf~, Klavier~, Tennis~
suchen A1
tanzen A1
treiben ➜ Sport~ 過分 getrieben
verkaufen A1

  Adjektive und Adverbien
aktiv
alt A1 ⇔ jung A1
ähnlich
ander- A1
beliebt
besonders A2
fast A1
genau A2
gern[e], am liebsten A1
klassisch
leider A1
meist A1
nämlich A2
nicht A1
noch A1
populär
sportlich
viel A1
zusammen A1

Präpositionen
auf A1
mit A1

Ausdrücke / Schlüsselsätze
Danke schön.
Entschuldigung.
Hast du Hobbys?
Ja, gern!
Ich bin ... Jahre alt.
Nein, leider nicht.
Nicht so gern(e).
Was machen Sie gern?
Was sind Sie von Beruf?
Wie alt sind Sie?
Wie bitte?
Wie ist Ihre Adresse?
Wie ist Ihre Telefonnummer?

Lektion 3

Nomen
e Arbeitsgruppe, Arbeitsgruppen
e Bibliothek, Bibliotheken
r Club, Clubs
Eltern (Pl.) A1
e Familie, Familien A1
e Grundschule A1
e Hausaufgabe, Hausaufgaben A1
r Kalender, Kalender A2
➡ Termin~
e Kneipe, Kneipen A2
s Mittagessen
s Müsli
e Party, Partys A1
e Prüfung, Prüfungen A2
s Referat, Referate
e Schwester, Schwestern A1
s Seminar, Seminare
Spaghetti (Pl.)
r Tagesablauf
r Termin, Termine A1
r Text, Texte A1
e Uhr, Uhren A1 ➡ ~zeit
e Vorlesung, Vorlesungen
s Viertel A1
e Zeit A1 ➡ ~haben, keine~

Verben
ab|holen A1
an|rufen A1 過分 angerufen
auf|stehen A1 過分 aufgestanden
beginnen A1 過分 begonnen
besuchen A1
➡ die Grundschule~, Vorlesungen~
enden A1
erzählen A1
essen A1 現在 isst/isst
過分 gegessen ➡ zu Mittag~, zu Abend~
fahren A1 現在 fährst/fährt
過分 gefahren ➡ mit dem Fahrrad~, nach Hause~, zur Schule~
finden A1 過分 gefunden
frühstücken A1
gehen A1 過分 gegangen ➡
in die Bibliothek~, ins Bett~, nach Hause~, tanzen~, zum Tanzkurs~, zur Uni~
halten A1 現在 hältst/hält
過分 gehalten ➡ ein Referat~
jobben A1
können A1 現在 ich kann/ du kannst/ er kann
mit|kommen A1
過分 mitgekommen
möchten A1 現在 ich möchte/ du möchtest/ er möchte
müssen A1 現在 ich muss/ du musst/ er muss
schlafen A1 現在 schläfst/ schläft 過分 geschlafen
tun A1 過分 getan
turnen
üben
wollen A1 現在 ich will/ du willst/ er will

Konjunktionen
denn A1

Präpositionen
ab A1
bei A1
für A1
gegen A1
mit A1
nach A1
über A1
um A1
von A1
von ... bis ... A1
vor A1

Adjektive und Adverbien
bald A1
bisschen A1 ➡ ein ~
da A1
dafür A1
danach
deshalb A2
einig
erst A2
formell ⇔ informell
früh A2
geöffnet A1
halb A1
heute A1
hungrig
lang A1
meistens A2
müde A1
oft A1
schade A2
schnell A1
unten A1
wenig A1
wichtig A1

Ausdrücke / Schlüsselsätze
Am liebsten esse ich ....
Es ist (halb drei).
Nein, danke!

Tut mir leid.
Um wie viel Uhr ...?
Wie spät ist es?

Lektion 4

Nomen

s Abendessen
r Apfel, Äpfel A1
 ➡ ~schorle, ~strudel
s Beispiel, Beispiele A1
 ➡ z.B.= zum Beispiel
e Banane, Bananen A1
s Bier A1
s Brot, Brote A1
s Brötchen, Brötchen A1
e Butter A1
e Cafeteria
e Cola
s Dessert, Desserts
s Ei, Eier A1
s Eis A1 ➡ Vanille~
e Erdbeere, Erdbeeren
e Firma, Firmen A1
r Fisch, Fische A1
s Fleisch A1
e Forelle, Forellen
s Frühstück A1
s Gemüse A1
s Gericht, Gerichte A2
s Getränk, Getränke A1
s Glas, Gläser A1
s Hähnchen A1
r Kaffee A1
e Kartoffel, Kartoffeln A1
 ➡ Brat~
r Käse A2
r Kuchen, Kuchen A1 ➡ Apfel~
s Lachsfilet
e Limonade
e Marmelade
e Mensa, Mensas
e Milch A1
e Nachspeise = *r* Nachtisch
e Nudel, Nudeln A2

s Obst A1
e Orange, Orangen A2
e Pizza, Pizzas
Pommes Frites (Pl.) A1
r Reis A1
r Saft A1 ➡ Orangen~, Apfel~
e Sahne A1
r Salat, Salate A1 ➡ ~teller
s Salz A1
r Schinken, Schinken A1
r Schluss A1 ➡ zum~
e Schokolade A2
s Schwein A2
e Speisekarte, Speisekarten A1
s Steak A1 ➡ Rinder~, Thunfisch~
e Suppe, Suppen A2
 ➡ Gemüse~, Tomaten~
r Tee A1
r Tisch, Tische A1
e Tomate, Tomaten A1
s Trinkgeld A2
r Vegetarier 女性 Vegetarierin
e Vorspeise, Vorspeisen
s Wasser A1 ➡ Mineral~
r Wein A1 ➡ Rot~, Weiß~
s Wort, Wörter A1
s Wörterbuch
e Wurst, Würste A2
r Zucker A2
e Zwiebel, Zwiebeln

Verben

benutzen A1
bestellen A1
bezahlen A1
mögen A1 現在 ich mag, du magst, er mag
nehmen A1 現在 nimmst/nimmt 過分 genommen
schmecken A1
trinken A1 過分 getrunken

Artikel

der / die / das A1
ein / eine A1
kein / keine A1

Adjektive und Adverbien

alkoholfrei
alkoholisch
ausländisch A1
dann A1
dort A1
fantastisch
getrennt ⇔ zusammen A1
griechisch
italienisch
japanisch A1
lieber A1
manchmal A2
spanisch
thailändisch
türkisch
teuer A1
zuerst A2

Ausdrücke / Schlüsselsätze

Bitte [schön].
Danke [schön].
Das macht ... Euro.
Es gibt ...
Gleichfalls.
Guten Appetit.
Stimmt so.
Was ist das? – Das ist ...
Was isst du gern?
Wie schmeckt ...?

Lektion 5

Nomen

r Abfalleimer, Abfalleimer
s Bad, Bäder A1
r Balkon, Balkone A1
s Besteck
s Bett, Betten A1
s Bild, Bilder A1
e CD, CDs A1 ➡ *r* ~player

s Fenster, Fenster A2
r Fernseher, Fernseher A2
r Flur, Flure A2
e Gabel, Gabeln A2
s Geschirr A2
s Glas, Gläser A1
e Größe, Größen ➜ Zimmer~
r Hausmeister
　女性 Hausmeisterin
s Haus, Häuser A1 ➜
　Bauern~, Einfamilien~,
　Fachwerk~
r Herd, Herde A1
s Kind, Kinder A1
e Kommode, Kommoden
e Küche, Küchen A1
e Lampe, Lampen A2
s Land, Länder A1
　➜ auf dem ~
s Leben A1
r Löffel, Löffel A2
s Messer, Messer A2
e Miete, Mieten A1
e Mikrowelle, Mikrowellen
s Möbel, Möbel A1
r Nachbar, Nachbarn A2
e Pfanne, Pfannen
e Pflanze, Pflanzen
r Preis, Preise A1
s Radio, Radios A2
s Regal, Regale ➜ Bücher~
r Schrank, Schränke A1
　➜ Küchen~, Kühl~
Schweden
r Sessel, Sessel A2
s Sofa, Sofas A1
s Stäbchen, Stäbchen
s Stock = r Stockwerk A1
s Studentenwohnheim,
　Studentenwohnheime
r Stuhl, Stühle A2
e Tasse, Tassen A2
r Teppich, Teppiche A2

r Teller, Teller A2
e Toilette, Toiletten A1
r Topf, Töpfe A2
e Türkei
r Vermieter
　女性 Vermieterin A1
r Vorhang, Vorhänge
e Wand, Wände
e WG = Wohngemeinschaft,
　WGs
e Wohnung, Wohnungen A1
　➜ Altbau~
s Zimmer, Zimmer A1
　➜ Arbeits~, Bade~,
　Doppel~, Ess~, Gäste~,
　Kinder~, Schlaf~, Wohn~

Indefinitpronomen
all: alle, alles A1
jeder ➜ jeden Monat A1

Verben
auf|räumen A2
beschreiben 過分 beschrieben
brauchen A1
feiern A2
grillen A1
hängen A2 過分 gehangen
kosten A1
legen A1
liegen A1 過分 gelegen
putzen A2
stehen A1 過分 gestanden
stellen A1
(sich) teilen
ziehen 過分 gezogen

Adjektive und Adverbien
all A1
allein A1
billig A1 ⇔ teuer A1
ca. = circa A1
darum
dunkel A2 ⇔ hell A1
ganz A2
gemütlich ⇔ ungemütlich

genug A2
groß A1 ⇔ klein A1
günstig A1
immer A1
kurz A1 ⇔ lang A1
international
laut A1 ⇔ ruhig A1
modern A2
nett A2
neu A1 ⇔ alt A1
nur A1
praktisch A2 ⇔ unpraktisch
schon A1
schön A1
super
zentral

Präpositionen
an, am, ans A1
auf A1
hinter A1
in, im, ins A1
neben A1
pro ➜ pro Monat = im Monat
über A1
unter A1
vor A1
zwischen A1

Ausdrücke / Schlüsselsätze
Ich finde … (Adjektiv).
Wie finden Sie die Wohnung?

Lektion 6

Nomen
e Anzeige, Anzeigen A1
r Anzug, Anzüge A2
e Apotheke, Apotheken A2
e Bäckerei, Bäckereien A1
e Bekleidung,
　Bekleidungen A2 ➜
　Damen~, Herren~, Kinder~
e Blume, Blumen A1
　➜ r ~nstand
e Bluse, Blusen A2

s Buch, Bücher A1
➜ e ~handlung, Koch~, Wörter~
r Eingang, Eingänge A1
s Erdgeschoss (=EG) A2
e Etageninfo, Etageninfos
s Fahrrad, Fahrräder A1
r Feiertag, Feiertage A1
e Flasche, Flaschen A1
➜ r ~nöffner
r Friseur, Friseure A2
s Geschäft, Geschäfte A1
e Hand, Hände A1 ➜ e ~creme
r Haushalt A2 ➜ r ~sartikel
s Hemd, Hemden A2
e Hose, Hosen A2
e Jacke, Jacken A1
Kartoffelchips (Pl.)
e Kasse, Kassen A1
s Kaufhaus, Kaufhäuser
r Kiosk A1 ➜ Bahnhofs~
s Kleid, Kleider A2
e Kosmetik A2
s Kostüm, Kostüme
r Laden, Läden A1
➜ Gemüse~
Lebensmittel(Pl.) A1
e Metzgerei, Metzgereien
e Öffnungszeit, Öffnungszeiten
e Packung, Packungen
s Parfüm, Parfüme A2
r Pullover, Pullover A2
r Rock, Röcke A2
r Schirm, Schirme A2
r Schmuck
r Schuh, Schuhe A1 ➜ Sport~, Leder~
s Sonderangebot, Sonderangebote A2
s Spielzeug
r Stiefel
r Supermarkt, Supermärkte A2
e Tankstelle, Tankstellen A2
e Tasche, Taschen A1
r Teddybär, Teddybären
s Telefon, Telefone A1
s T-Shirt, T-Shirts
s Untergeschoss (=UG)
e Zeitung, Zeitungen A1

Personalpronomen
dich A1
euch A1
mich A1
uns A1

Demonstrativpronomen
der / das / die A1

Indefinitpronomen
etwas A2

Verben
an|probieren
besuchen A1
decken ➜ den Tisch~
helfen A1 現在 hilfst/hilft 過分 geholfen
holen A1
kaufen A1
öffnen A1
passen A2
schneiden A2 過分 geschnitten
telefonieren A1
tragen A2 現在 trägst/trägt 過分 getragen
waschen A1 現在 wäschst/wäscht 過分 gewaschen

Artikel
dieser / dieses / diese A1

Adjektive, Adverbien
fertig A1
geschlossen A1 ⇔ geöffnet A1
rechts A1

Ausdrücke / Schlüsselsätze
Das ist toll!
Ich freue mich!
Was kostet/kosten ...?
Was trägst du gern?
Wirklich?
Wo kann ich ...kaufen?

Lektion 7

Nomen
r Anrufbeantworter A1
r Bäcker, Bäcker
r Bankkaufmann
女性 Bankkauffrau
r Bruder, Brüder A1
s Bundesland, Bundesländer
r Computeringenieur, 女性 Computeringenieurin
r Cousin 女性 Cousine
s Ehepaar, Ehepaare
e Einladung, Einladungen A1
Eltern (Pl.) A1
r Erwachsene, Erwachsenen A1
r Familienstand A1
r Fotograf 女性 Fotografin
r Geburtstag, Geburtstage A1
➜ ~haben, e ~sparty
e Gemeinschaft, Gemeinschaften
Geschwister (Pl.) A1
Großeltern (Pl.) A1
e Großmutter (e Oma) A1
r Großvater (r Opa) A1
r Hund, Hunde A1
e Idee, Ideen A1
e Karte, Karten ➜ Kino~ A1
e Katze, Katzen A1
r Kugelschreiber, Kugelschreiber A1
e Mutter, Mütter A1
r Onkel, Onkel
s Paar, Paare ➜ ein~
r Reiseführer, Reiseführer A1
r Rucksack, Rucksäcke
r Schal, Schals
r Sohn, Söhne A1

e Stimme, Stimmen
e Tante, Tanten
e Tochter, Töchter A1
r Unterschied, Unterschiede A2
r Vater, Väter A1
r Wunsch, Wünsche A2
s Zentrum, Zentren A2

Personalpronomen
dir A1
ihm A1
ihnen A1
ihr A1
mir A1

Possessivpronomen
ihr A1
sein A1

Verben
ein|laden A1 [現在] lädst ein/ lädt ein [過分] eingeladen
gehören A1
mit|bringen A1 [過分] mitgebracht
reisen A1
schenken A2
wissen A1 [現在] ich weiß / du weißt / er weiß [過分] gewusst
zeigen A2
zusammen|leben A2

Adjektive / Adverbien
allein A1 ➡ ~erziehend, ~lebend
asiatisch A1
ein paar A2
geboren A1
geschieden A2
hinten A1
jung A1
langweilig A2
ledig A1
links A1 ⇔ rechts A1
lustig A1
spät A1
süß A2

verheiratet A1
vorn(e) A2

Präpositionen
seit A1

Ausdrücke / Schlüsselsätze
Der Wievielte ist heute?
Haben Sie Geschwister?
Ich bin am.... geboren.
Ich weiß es nicht.
Wann haben Sie Geburtstag?
Was soll ich ... schenken?

自己チェックリスト ✓

この教科書は、みなさんがドイツ語で基礎的なコミュニケーション言語能力を身につけることを目的としています。
コミュニケーション言語能力とは、社会の中で言語を使って行動ができる能力です。
この能力は、次のように段階付けされています。(『ヨーロッパ言語共通参照枠』)

基礎段階の言語使用者		自立した言語使用者		熟達した言語使用者	
A1	A2	B1	B2	C1	C2

本教科書は、基礎段階A1レベルの習得を目指しています。

各課の学習を終えたら、その課の学習目標を達成できたか確認しましょう。
確認して、「できる」ようになったと思ったら□にチェックを入れていきましょう。☑

Checkliste Lektion ①

Datum		Studentennummer		Name	

Ⅰ 挨拶ができる ☐

　① 出会ったとき： ☐
　　①朝　_____
　　②昼　_____
　　③晩　_____

　② 別れるとき： ☐
　　①カジュアルな表現（親称）　_____
　　②丁寧な表現（敬称）　_____
　　③寝る前　_____

　③ 元気かどうかを尋ねる・答える： ☐
　　①カジュアルな表現（親称）　_____
　　②丁寧な表現（敬称）　_____

Ⅱ 自己紹介ができる ☐

　① 名前（Name）　_____
　② 出身（Herkunft）　_____
　③ 住んでいるまち（Wohnort）　_____
　④ 専攻（Studium）　_____
　⑤ 学習言語（Sprache）　_____

Ⅲ　相手に du を使って尋ねることができる（疑問詞：W-Fragen）　☐

　　1　名前（Name）　_____

　　2　出身（Herkunft）　_____

　　3　住んでいるまち（Wohnort）　_____

　　4　専攻（Studium）　_____

　　5　学習言語（Sprache）　_____

Ⅳ　人物紹介ができる　☐

　　1　名前（Name）　_____

　　2　出身（Herkunft）　_____

　　3　住んでいるまち（Wohnort）　_____

　　4　専攻（Studium）　_____

　　5　学習言語（Sprache）　_____

Ⅴ　疑問詞（W-Fragen）と Ja/Nein で答える疑問文の使い分けができる　☐

　　1　W-Fragen の例：　_____

　　　その答え方：　_____

　　2　Ja/Nein-Fragen の例：　_____

　　　その答え方：　_____

Ⅵ　動詞の意味が分かり、主語（ich, du, er, sie）に合わせて語尾変化することができる　☐

　　kommen　　（　　　　　）　_____

　　wohnen　　（　　　　　）　_____

　　machen　　（　　　　　）　_____

　　studieren　（　　　　　）　_____

　　heißen　　（　　　　　）　_____

　　sein　　　（　　　　　）　_____

Checkliste Lektion ❷

Datum		Studentennummer		Name	

Ⅰ　余暇の過ごし方について話題にできる　　□

　自分のことについて述べる　_____

　相手に尋ねる　_____

　①（親称）　_____

　②（敬称）　_____

　③友人やクラスメートのことについて述べる　_____

Ⅱ　登録・申し込みの際に、口頭・筆記で自分の情報を伝えることができる　□

　①名前（姓・名：Familienname / Vorname）のつづり　_____

　②住所（Adresse）　_____

　③電話番号（Telefonnummer）　_____

　④年齢（Alter）　_____

　⑤職業（Beruf）　_____

Ⅲ　ドイツ語のアルファベットを言うことができる　　□

Ⅳ　数字を言うことができる・書くことができる（0～100）　　□

Ⅴ 次の動詞の意味が分かり、主語（ich, du, er, wir, ihr, sie, Sie）に合わせて語尾変化をすることができる ☐

machen	(	)	_____
heißen	(	)	_____
arbeiten	(	)	_____
fahren	(	)	_____
lesen	(	)	_____
sehen	(	)	_____
treffen	(	)	_____
haben	(	)	_____
sein	(	)	_____

Ⅵ 職業などに関する男性形・女性形を作ることができる ☐

男性形	女性形
Student	
	Schülerin
Lehrer	
	Ärztin
Angestellter	
	Kellnerin
Verkäufer	
	Mechanikerin

116 ● hundertsechzehn

Checkliste Lektion 3

Datum		Studentennummer		Name	

I 時間をドイツ語で表現できる（公式・非公式） ☐

a)   b) 21:10   c) 14:35   d)

	a	b	c	d
formell 公式				
informell 非公式				

II 一日の行動を簡単に述べることができる ☐

a) 5.15 (auf|stehen)   b) 9.10 (zur Uni gehen)   c) 14.35 (ein|kaufen)   d) 9.30 (fern|sehen)

a) _____

b) _____

c) _____

d) _____

III 一週間の予定をメモ書きできる ☐

Montag   _____

Dienstag   _____

Mittwoch   _____

Donnerstag _____

Freitag   _____

Samstag   _____

Sonntag   _____

hundertsiebzehn ● *117*

Ⅳ 一週間の予定を助動詞（können/müssen/wollen/möchten）を使って表現できる ☐

Am Montag _____

_____

_____

_____

Ⅴ 今晩の予定を、相手に尋ねることができる ☐

Ⅵ 次の分離動詞の意味が分かり、主語（ich, du, er, wir, ihr, sie, Sie）に合わせて語尾変化をすることができる ☐

abholen	(	)	_____
anrufen	(	)	_____
aufstehen	(	)	_____
einkaufen	(	)	_____
fernsehen	(	)	_____
mitkommen	(	)	_____

Ⅶ 次の助動詞の意味が分かり、主語に合わせて形を変えることができる ☐

Deutsch	können	wollen	müssen	möchten
日本語	_____	_____	_____	_____
ich	_____	_____	_____	_____
du	_____	_____	_____	_____
er/ sie	_____	_____	_____	_____
wir	_____	_____	_____	_____
ihr	_____	_____	_____	_____
sie / Sie	_____	_____	_____	_____

Checkliste Lektion 4

Datum		Studentennummer		Name	

Ⅰ　Was ist das?「これは何ですか？」に答えることができる　☐

Das ist ein _____　_____　_____　_____

Ⅱ　Das ist kein(e) ...「これは〜ではありません」という否定表現で答えることができる　☐

Ist das eine Tomate?　　　　Ist das ein Brot?　　　　Ist das ein Salat?

Nein, _____　_____　_____

Ⅲ　好きな食べ物・飲み物について言うことができる　☐

Ⅳ　相手に好きな食べ物・飲み物について尋ねることができる　☐

Ⅴ　朝食に何を食べるか言うことができる　☐

hundertneunzehn • 119

Ⅵ　レストランで注文と支払いができる　　　　　　　　　　　　　　　　　☐

Kellner　　　　　　　　　　Gast A (*r* Weißwein / *r* Fisch)　Gast B (*s* Bier / *e* Pizza)
Was bekommen Sie?　　　　A: Ich nehme / möchte / bekomme _____
　　　　　　　　　　　　　B: Ich _____

••

　　　　　　　　　　　　　A: Zahlen bitte!
Zusammen oder getrennt?　A: _____
Was bezahlen Sie?　　　　 A: Ich bezahle _____
Das macht 15 Euro.
Was bezahlen Sie?　　　　 B: Ich bezahle _____

Ⅶ　食事についてコメントすることができる　　　　　　　　　　　　　　☐

(*r* Fisch)　　　　Wie　　　schmeckt　　　der Fisch　　?　　_____ schmeckt gut.
(*s* Fleisch)　　 _____　_____　_____　　　　　　?　　_____ _____ nicht so gut.
(*e* Pizza)　　　 _____　_____　_____　　　　　　?　　_____ _____ fantastisch.

Ⅷ　下線部が Nominativ（主格）か Akkusativ（目的格）か分かる　　　☐

Das ist ein Fisch.　　　　　[N̶o̶m̶.̶] [Akk.]
Morgens esse ich einen Fisch.　[Nom.] [Akk.]
Der Fisch schmeckt gut.　　　　[Nom.] [Akk.]
Ich mag Fisch.　　　　　　　　 [Nom.] [Akk.]
Ich bezahle den Fisch.　　　　 [Nom.] [Akk.]

Ⅸ　不定冠詞の Nominativ と Akkusativ の形が分かる　　　　　　　　☐

	Maskulinum	Neutrum	Femininum
Nominativ	_____ Fisch	ein Ei	_____ Orange
Akkusativ	_____ Fisch	_____ Ei	_____ Orange

Ⅹ　定冠詞の Nominativ と Akkusativ の形が分かる　　　　　　　　　☐

	Maskulinum	Neutrum	Femininum
Nominativ	_____ Fisch	das Ei	_____ Orange
Akkusativ	_____ Fisch	_____ Ei	_____ Orange

Checkliste Lektion 5

Datum		Studentennummer		Name	

Ⅰ 自分の住まいについて描写できる ☐

s Esszimmer   *s* Wohnzimmer   *s* Schlafzimmer   *s* Badezimmer   *s* Kinderzimmer   *e* Küche

Meine Wohnung (mein Haus) hat ein Wohnzimmer, _____

_____

Ⅱ 家具の名前が分かる ☐

① (das Fenster)
② ( )
③ ( )
④ ( )
⑤ ( )
⑥ ( )

Ⅲ 自分の部屋にどのような家具があるか説明できる ☐

In meinem Zimmer gibt es einen Tisch, _____

Ⅳ Ⅱのイラストを見て、どこに何があるかを言うことができる ☐

Die Lampe steht <u>auf dem Regal</u>.

Die Vorhänge hängen _____

Der CD-Player steht _____ und _____

Das Bild liegt _____

Die Pflanze steht _____

Der Abfalleimer steht _____

Der Computer steht _____.

hunderteinundzwanzig ● 121

Ⅴ　finden を使って、家具などについてどう思うかを表現できる　☐

　　　klein ⇒ Ich finde _____

　　　interessant ⇒ _____

　　　zu alt ⇒ _____

Ⅵ　「〜を〜へ置く（掛ける）」と言うことができる　☐

1) *s* Sofa　　⇒ 棚の隣へ　_____

2) *s* Bild　　⇒ 壁へ　_____

3) *r* Fernseher　⇒ 棚の上へ　_____

Ⅶ　定冠詞・不定冠詞の Dativ（与格）の形が分かる　☐

	Maskulinum	Neutrum	Femininum	Plural
Nominativ	der / ein　Teller	das / ein Glas	die / eine Tasse	die / meine Bilder
Dativ	_____ Teller	_____ Glas	_____ Tasse	_____ Bildern
Akkusativ	den / einen Teller	das / ein Glas	die / eine Tasse	die / meine Bilder

Ⅷ　所有冠詞 mein の Nominativ, Dativ, Akkusativ の形が分かる　☐

	Maskulinum	Neutrum	Femininum	Plural
Nominativ	mein　Teller	_____ Glas	_____ Tasse	_____ Bilder
Dativ	_____ Teller	_____ Glas	_____ Tasse	_____ Bildern
Akkusativ	_____ Teller	_____ Glas	_____ Tasse	_____ Bilder

Checkliste Lektion 6

Datum		Studentennummer		Name	

Ⅰ どこで買うことができるかを尋ねることができる ☐

Ⅱ Ⅰ の質問に答えることができる ☐

Ⅲ 自分がどのような服装をするか、言うことができる ☐

　an der Uni: _____

　im Winter: _____

Ⅳ 服売り場で、店員に何を探しているか伝えることができる ☐

Ⅴ 色をドイツ語で言うことができる ☐

Ⅵ スーパーのチラシを見て、商品とその値段を言うことができる ☐

0,19 €　　　1 kg 6,99 €　　　0,89 €

hundertdreiundzwanzig ● 123

Ⅶ 親しい相手に対して依頼をすること、そしてそれに答えることができる ☐

Ⅷ 看板を見て、営業日と時間が分かる ☐

Öffnungszeiten:
montags – freitags
8.00 - 12.00 und 13.00-18.00
samstags
8.00- 12.00

Wann ist der Laden am Mittwoch geöffnet? _____

Ⅸ dies- の意味と形が分かる ☐

	Maskulinum	Neutrum	Femininum	Plural
Nominativ	dieser Pullover	_____ Kleid	_____ Bluse	diese Schuhe
Akkusativ	_____ Pullover	dieses Kleid	_____ Bluse	_____ Schuhe

Ⅹ 親しい相手 du, ihr に対する命令形を作ることができる ☐

	holen	schneiden	mitbringen	geben	schlafen	sein
du	hol	_____	_____	_____	schlaf	_____
ihr	holt	_____	bringt mit	gebt	_____	_____

Ⅺ 1人称、2人称の Akkusativ の形が分かる ☐

Nominativ	ich	du	wir	ihr	Sie
Akkusativ	_____	_____	_____	_____	_____

Checkliste Lektion 7

Datum		Studentennummer		Name	

Ⅰ 自分の家族のことを紹介できる ☐

    (Name, Hobby, Alter, Beruf ...)

Ⅱ 今日の日付けを言うことができる ☐

Ⅲ 誕生日を尋ねたり、自分の誕生日を言うことができる ☐

Ⅳ 誕生日を迎える Jörg に、何をプレゼントするか提案することができる ☐

    Jörg

    kocht gern   geht gern ins Kino

    reist gern

Ⅴ Sie を使って、「〜してください」という依頼ができる ☐

Ⅵ 所有冠詞が分かる ☐

ich : _____   du : _____   er : _____   sie : _____   es : _____

wir : _____   ihr : _____   sie (*pl.*) : _____   Sie : _____

VII 所有冠詞 mein の Nominativ, Akkusativ, Dativ の形が分かる ☐

	Maskulinum	Neutrum	Femininum	Plural
Nominativ	mein Vater	_____ Kind	_____ Mutter	_____ Kinder
Akkusativ	_____	_____	_____	_____
Dativ	_____	_____	_____	_____

VIII 人称代名詞の Akkusativ と Dativ の形が分かる ☐

Nominativ	ich	du	er	es	sie	wir	ihr	sie (*pl.*)	Sie
Akkusativ	___	___	___	___	___	___	___	___	___
Dativ	___	___	___	___	___	___	___	___	___

この教科書が準拠している『ヨーロッパ言語共通参照枠』とは、ヨーロッパで取り入れられている、言語学習の到達度を測るための枠組みです。その中の基礎段階（A1・A2 レベル）では、次のようなことができるようになることを目指しています。(以下、吉島茂他訳・編 (2004)『外国語の学習、教授、評価のためのヨーロッパ共通参照枠』朝日出版社より抜粋引用)

A1 レベル

具体的な欲求を満足させるための、よく使われる日常的表現と基本的な言い回しは理解し、用いることもできる。
自分や他人を紹介することができ、どこに住んでいるか、誰と知り合いか、持ち物などの個人的情報について、質問をしたり、答えたりできる。
もし、相手がゆっくり、はっきりと話して、助け船を出してくれるなら簡単なやり取りをすることができる。

A2 レベル

ごく基本的な個人的情報や家族情報、買い物、近所、仕事など、直接的関係がある領域に関する、よく使われる文や表現が理解できる。
簡単で日常的な範囲なら、身近で日常の事柄についての情報交換に応ずることができる。
自分の背景や身の回りの状況や、直接的な必要性のある領域の事柄を簡単な言葉で説明できる。
また、『ヨーロッパ言語共通参照枠』の基礎段階では、自分の言語能力「～ができる」を自己評価する際、「理解すること」（聞くこと、読むこと）、「話すこと」（やりとり、表現)、「書くこと」について、以下のような目安を挙げています。

教科書を学習し終わったら、A1段階で求められていることがどの程度できるようになったか、また、次のステップA2では、どのような能力が期待されているかを確認しましょう。

		A1	A2
理解すること	聞くこと	はっきりとゆっくりと話してもらえれば、自分、家族、すぐ周りの具体的なものに関する聞き慣れた語やごく基本的な表現を聞き取れる。	（ごく基本的な個人や家族の情報、買い物、近所、仕事などの）直接自分につながりのある領域で最も頻繁に使われる語彙や表現を理解することができる。 短い、はっきりとした簡単なメッセージやアナウンスの要点を聞き取れる。
	読むこと	例えば、掲示やポスター、カタログの中のよく知っている名前、単語、単純な文を理解できる。	ごく短い簡単なテクストなら理解できる。広告や内容紹介のパンフレット、メニュー、予定表のようなものの中から日常の単純な具体的に予測がつく情報を取り出せる。 簡単で短い個人的な手紙は理解できる。
話すこと	やり取り	相手がゆっくり話し、繰り返したり、言い換えたりしてくれて、また自分が言いたいことを表現するのに助け船を出してくれるなら、簡単なやり取りをすることができる。 直接必要なことやごく身近な話題についての簡単な質問なら、聞いたり答えたりできる。	単純な日常の仕事の中で、情報の直接のやり取りが必要ならば、身近な話題や活動について話し合いができる。 通常は会話を続けていくだけの理解力はないのだが、短い社交的なやり取りをすることはできる。
	表現	どこに住んでいるか、また、知っている人たちについて、簡単な語句や文を使って表現できる。	家族、周囲の人々、居住条件、学歴、職歴を簡単な言葉で一連の語句や文を使って説明できる。

書くこと	書くこと	新年の挨拶など短い簡単な葉書を書くことができる。例えばホテルの宿帳に名前、国籍や住所といった個人のデータを書き込むことができる。	直接必要のある領域での事柄なら簡単に短いメモやメッセージを書くことができる。短い個人的な手紙なら書くことができる：例えば礼状など。

この教科書はA1に到達するために、聞く活動・読む活動・話す活動・書く活動で、とくに次のことができるようになることを目指しています。確認したら☑しましょう。

【聞く活動】 ☐

包括的な聴解	
A1	意味がとれるように長い区切りをおいて、非常にゆっくりと注意深く発音してもらえれば、発話を理解できる。

発表や指示を聞く	
A1	当人に向かって、丁寧にゆっくりと話された指示なら理解できる。短い簡単な説明なら理解できる。

【読む活動】 ☐

包括的な読解	
A1	非常に短い簡単なテクストを、身近な名前、単語や基本的な表現を一つずつ取り上げて、必要であれば読み直したりしながら、一文一節ずつ理解することができる。

【話す活動】 ☐

総合的な口頭発話	
A1	人物や場所について、単純な字句を並べて、述べることができる。

【書く活動】 ☐

総合的な書く活動	
A1	簡単な表現や文を単独に書くことができる

創作	
A1	自分自身や想像上の人々について、どこに住んでいるか、何をする人なのかについて、簡単な句や文を書くことができる

【相互行為活動】口頭でのやりとり

	会話
A1	紹介や基本的な挨拶、いとま乞いの表現を使うことができる。 人が元気かどうかを聞き、ニュースに反応することができる。 こちらの事情に理解を示してくれる話し手によって、はっきりとゆっくりと、繰り返しを交えながら、自分に直接向けられた発話ならば、具体的で単純な必要性を満たすための日常的な表現は理解できる。

	情報の交換
A1	自分に向けられた、注意深く、ゆっくり表現された質問や説明が理解できる。短い簡潔な指示を理解できる。簡単な質問を聞いたり、答えたりすることができる。直接必要なこと、もしくはごく身近な話題についての簡単なことを、自分から言ったり、相手の言ったことに反応できる。 自分自身や他人に関して、住まい、知人、所有物などについて質問を受けたり、答えたりすることができる。 「来週、前の金曜日、11月には、3時」などの表現を用いて時を知らせることができる。

【相互行為活動】文字でのやり取り

	通信
A1	短い簡単な葉書を書くことができる。

	記録、メッセージ、書式
A1	ホテルの予約用紙などに、数、日付、自分の名前、国籍、住所、年、生年月日、入国日などを書くことができる。

本書には、パソコン等で再生していただく MP3 形式の音声を収録した CD が付属しています。

🎧1 マークは、付属 CD［MP3］の音声ファイル番号です。

※ 教室用として、通常のオーディオ機器で再生可能な CD（2 枚組）のご用意がございます。

CD▶1　CD2▶01 の表示は教室用 CD のトラック番号です。

音声ダウンロード＆ストリーミングサービス（無料）のご案内

http://www.sanshusha.co.jp/onsei/isbn/9784384122824/

本書の音声データは、上記アドレスよりダウンロードおよびストリーミング再生ができます（付属CDと内容は同じです）。ぜひご利用ください。

著　者

藤原　三枝子　（ふじわら　みえこ）
　甲南大学

桂木　　忍　（かつらぎ　しのぶ）
　1994-2013 Goethe-Institut Osaka

本河　　裕子　（もとかわ　ゆうこ）
　Goethe-Institut Osaka

Anja Poller　（アニャ・ポラー）
　Goethe-Institut Mannheim-Heidelberg
　2005-2007 Goethe-Institut Osaka

Rita Sachse-Toussaint　（リタ・ザクセ・トゥサーン）
　Goethe-Institut
　2004-2007 Leiterin der Sprachabteilung Goethe-Institut Osaka

柳原　　初樹　（やなぎはら　はつき）
　2001-2013 甲南大学

CD[MP3]付き　スタート！ベーシック
―コミュニケーション活動（かつどう）で学（まな）ぶドイツ語（ご）―

2015 年 2 月 20 日　第 1 版発行
2023 年 3 月 10 日　第13版発行

著　者――藤原　三枝子　　　桂木　　忍
　　　　　本河　裕子　　　　Anja Poller
　　　　　Rita Sachse-Toussaint　　柳原　初樹

発行者――前田　俊秀

発行所――株式会社三修社
　　　　　〒150-0001
　　　　　東京都渋谷区神宮前 2-2-22
　　　　　TEL 03-3405-4511 / FAX 03-3405-4522
　　　　　振替 00190-9-72758
　　　　　http://www.sanshusha.co.jp/
　　　　　編集担当　永尾真理

組　版――株式会社欧友社

印刷所――広研印刷株式会社

© 2015 Printed in Japan ISBN978-4-384-12282-4 C1084

表紙デザイン――土橋　公政
　　表紙写真――芝井　彰
　　　　　　　Freiburg: Oberlinden, Konviktstraße, 旧市街
　　イラスト――澤田　語郎
　　写真提供――koi88 / iStockphoto.com (S.51)
　　　　　　　広瀬晶子 Bäckerei & Konditorei (S.77)
　　　　　　　DZT (Deutsche Zentrale für Tourismus e.V.)
　　　　　　　Herbst, Winter (S.83)

JCOPY〈出版者著作権管理機構　委託出版物〉
本書の無断複製は著作権法上での例外を除き禁じられています。複製される場合は、そのつど事前に、出版者著作権管理機構（電話 03-3513-6969 FAX 03-3513-6979 e-mail: info@jcopy.or.jp）の許諾を得てください。

最先端の独和＆和独！

見やすさと使いやすさを追求した、進化する学習独和

- 初級者には使いやすく、中上級者の期待にも応える本格派学習独和辞典
- クラス最大の見出し語数 7 万語強
- 初修者が引きやすい・理解しやすい最重要語の記述
- 読者の発信力を手助けする和独 9,200 語
- 音声サイトで、耳からもアクセス！（「発信型ドイツ語会話」「発音とつづり」「数詞」の音声を聞くことができます）

アクセス独和辞典 第4版

編集責任 在間進（東京外国語大学名誉教授）
定価 4,620 円（本体価格 4,200 円＋税）
B6 変型判上製函入 2176 ページ　2色刷
ISBN978-4-384-06000-3 C0584

ドイツ語を書こう・話そうとする日本人のための和独辞典

- 最新語彙を多数収録
- 現代日本からドイツ語圏まで幅広くカバーする見出し語数約 5 万 6000 語
- 発信に役立つ用例 8 万 7000 語

アクセス和独辞典

編集責任 在間進（東京外国語大学名誉教授）
定価 5,940 円（本体価格 5,400 円＋税）
B6 変型判上製函入 2072 ページ
ISBN978-4-384-04321-1 C0584

三修社　〒150-0001 東京都渋谷区神宮前2-2-22
https://www.sanshusha.co.jp
TEL. 03-3405-4511　FAX. 03-3405-4522